Katja Schlottke

Ungeschminkter
WAHR-SINN

Willkommen zu „Ungeschminkter Wahrsinn"
Dieses Buch nimmt dich mit auf eine persönliche Reise –
ehrlich, unverblümt und oft mit einem Augenzwinkern. Es ist
eine Einladung, hinter die Fassade des Lebens zu blicken und
sich auf die Suche nach dem wahren Kern zu begeben. Es
geht um Mut, Herausforderungen und die Kraft der
Transformation. Dieses Buch ist für alle, die bereit sind, sich
selbst zu hinterfragen, loszulassen und neue Wege zu gehen.
Lass dich inspirieren und vielleicht findest du hier genau den
Funken, der in dir ein neues Feuer entzündet.

KATJA SCHLOTTKE

Impressum
© 2024 Katja Schlottke
www.katja-schlottke.de
Verlag: BoD · Books on Demand GmbH, In de Tarpen 42,
22848 Norderstedt
Druck: Libri Plureos GmbH, Friedensallee 273, 22763 Hamburg
ISBN: 978-3-7693-0971-3

Vorwort

Manchmal führen uns die Wege, auf denen wir wandeln, an die erstaunlichsten Orte – und oft sind es nicht die äußeren, sondern die inneren Reisen, die unser Leben wirklich verändern. Diese Reise war für mich nicht nur eine Erkundung fremder Länder, sondern vor allem eine tiefgreifende Reise in mein Innerstes. Sie hat mir gezeigt, dass wahre Transformation nicht plötzlich geschieht, sondern Schritt für Schritt, Moment für Moment. Es sind die Begegnungen, die Herausforderungen und das Loslassen, die uns wachsen lassen und uns lehren, das Leben mit offenen Armen zu empfangen.

"**Close your eyes and you can better see.**" Oft erkennen wir erst, wenn wir die Augen schließen, wie klar unser inneres Bild wirklich ist. Das wahre Glück kommt nicht von außen, sondern aus dem tiefen Inneren. "**Touch yourself.**" Berühre dein Inneres, spüre die Verbindung zu dir selbst, und du wirst den Frieden finden, der jenseits aller äußeren Umstände liegt. In der Ruhe liegt die Kraft, und wahre Freiheit erlangst du erst, wenn du all deine inneren Blockaden gelöst hast. Es geht nicht darum, das Leben zu kontrollieren oder gegen Herausforderungen zu kämpfen – sondern sie zu **managen.** Diese Reise hat mich gelehrt, wie wichtig es ist, den Fluss des Lebens anzunehmen und meine innere Welt nicht zu bekämpfen, sondern zu führen. Das ist die wahre Freiheit.

Danksagung

Mein tiefster Dank geht an all die Menschen, die mich auf dieser Reise begleitet haben – sei es physisch oder in Gedanken. Ihr, die ihr immer an mich geglaubt habt, mir Mut und Kraft zugesprochen habt, wann immer ich es brauchte.

Danke an die wundervollen Menschen, die mich auf meinen drei Reisen und besonders auf dieser letzten Reise unterstützt haben. Besonders danke ich Joven, meinem Schamanen, für seine Weisheit, seine Führung und seine unerschütterliche Geduld. Rocio, seiner wunderbaren Frau, und dem Kleinen, der mir so oft ein Lächeln auf das Gesicht gezaubert hat. Eure Herzlichkeit hat diese Reise zu etwas ganz Besonderem gemacht.

Vor allem möchte ich mir selbst danken – für meinen Mut, mein Durchhaltevermögen, meinen Optimismus und dafür, dass ich immer an das Positive im Leben glaube. Diese Reise war eine große Herausforderung, aber sie war auch ein Triumph. Und sie hat mir einmal mehr gezeigt, dass das Leben uns manchmal mehr schenkt, als wir uns vorstellen können, wenn wir den Mut haben, es zu umarmen.

Vorbereitung

Als ich 2023 von meiner aufregenden Indienreise zurückkam, schwor ich mir, erst einmal genug von solchen verrückten Reisen zu haben. Die Erlebnisse und Abenteuer in Indien hatten mich völlig vereinnahmt und ich dachte, dass es an der Zeit sei, erstmal wieder etwas Bodenständigeres zu machen. Davor war ich 2018 in China bei den Shaolin Mönchen gewesen, was ebenfalls eine tiefgreifende Erfahrung war. Ich fühlte, dass ich mir eine Pause von all den intensiven Erlebnissen verdient hatte.

Doch das Schicksal hatte andere Pläne für mich. Eines Abends, während ich gerade an einem neuen Projekt arbeitete, stieß ich zufällig im Internet auf eine Reisebeschreibung zu einer schamanischen Expedition nach Peru. Es war, als ob diese Reisebeschreibung mich gefunden hätte. Mein Herz begann schneller zu schlagen. Ich fühlte, dass dies die Reise war, auf die ich so lange gewartet hatte. Es war, als ob das Universum mir ein Zeichen gab.

Die nächsten Tage verbrachte ich damit, Informationen zu sammeln und mich gründlich vorzubereiten. Diese dritte große Reise, von der ich so lange geträumt hatte, schien endlich greifbar zu werden. Ich konnte es kaum fassen und fühlte mich wie in einem Rausch.

Ich nahm das Telefon zur Hand und rief die Reiseagentur an, um wichtige Fragen zu klären.

Zu meiner Überraschung wurden alle meine Wünsche erfüllt, und Dinge, die ich niemals für eine Reise getan hätte, waren gar nicht notwendig. Es schien, als würde sich alles wie von selbst fügen.

Es war um mich geschehen und ich buchte den Flug. Dieses Mal entschied ich mich, den Flug in einem Reisebüro zu buchen, da ich sicherstellen wollte, dass alles reibungslos ablaufen würde.

Während meiner Recherchen stellte sich nämlich heraus, dass es dieses Mal mit dem Flug etwas herausfordernder war. Es gab keinen Direktflug von Deutschland nach Peru. Ich war ziemlich überfragt, wie ich das am besten organisieren sollte. Die verschiedenen Flugrouten und Umsteigeverbindungen verwirrten mich und ich fühlte mich überwältigt von den vielen Optionen.

Zum Glück übernahm das Reisebüro diese Aufgabe für mich. Sie fanden schnell die beste Verbindung. Innerhalb kurzer Zeit hielt ich mein Ticket in den Händen: Berlin – Madrid, Madrid – Lima, Lima – Iquitos und natürlich auch zurück. Diese Reiseroute klang abenteuerlich und aufregend zugleich.

Die erste Kontaktaufnahme

Kurz darauf bekam ich die Telefonnummer von meinem mich begleitenden Schamanen. Eines Abends schrieb ich ihm eine Nachricht. Am nächsten Tag erhielt ich eine WhatsApp Nachrichten und schließlich einen Anruf. Vor lauter Schreck reichte ich das Telefon erst einmal an meinen Mann weiter – Englisch am Telefon war für mich eine große Herausforderung.

Der junge Mann sprach einige Sätze auf Deutsch, aber ich war so aufgeregt, dass ich selbst damit Schwierigkeiten hatte, ihn zu verstehen. Während dieses Telefonats erfuhr ich, dass ich wahrscheinlich alleine im Camp sein würde, da eine andere Person aus Europa ihre Reise verschoben hatte. Diese Nachricht verstärkte meine Aufregung und den Wirrwarr in meinem Kopf nur noch mehr.

Nun musste ich meine Aufregung im Zaum halten und meine Gedanken ordnen. Die bevorstehende Reise würde nicht nur eine äußere, sondern auch eine innere Herausforderung werden. Mit dem Flugticket in der Tasche fühlte ich mich bereit für das nächste große Abenteuer. Es war Zeit, meine Sachen zu packen und mich mental auf die bevorstehende Reise vorzubereiten. Ich konnte es kaum erwarten, die Wunder und Geheimnisse Perus zu entdecken und in die Welt der Schamanen einzutauchen.

Das Warten und die Begegnungen

Die Tage vergingen, während das normale Arbeitsleben seinen gewohnten Rhythmus annahm. Tag für Tag verstrich und ich wartete gespannt auf die Abreise. Doch in dieser Zeit war ich nicht untätig, sondern durfte wunderbare Begegnungen erleben, die mein Herz immer wieder aufleben ließen.
Zunächst erhielt ich Besuch von einer langjährigen Freundin, die ich schon lange vor meinem Mann kennenlernen durfte.
Sie brachte ihren lustigen Ehemann mit und es war eine wahre Freude, Zeit mit ihnen zu verbringen. Wir lachten viel und erzählten unzählige Geschichten.
Diese herzerfrischende Begegnung ließ mich die nächste Reise für einen Moment vergessen und mich ganz im Hier und Jetzt verlieren.

Kurz darauf kamen weitere Besucher – ein Paar, das unser Hotel seit einigen Jahren regelmäßig buchte. Was einst als einfache Bekanntschaft begann, entwickelte sich über die Jahre zu einer tiefen Freundschaft. Auch diese Tage waren erfüllt von herzlichen Gesprächen und unbeschwerten Momenten, die mir Kraft und Zuversicht für die kommende Reise gaben.

Dann war da noch die Freundin aus dem Leistungssport, mit der ich jahrelang den Kontakt verloren hatte. Unser Wiedersehen war großartig und genauso herzerfrischend wie die anderen Begegnungen. All diese Begegnungen waren für mich besonders bedeutsam, da sie mich daran erinnerten, wie wichtig es ist, die Menschen in meinem Leben zu schätzen und die Verbindungen zu pflegen, die uns wirklich am Herzen liegen.

Zu guter Letzt erhielt ich Besuch von wunderbaren Freunden aus Mecklenburg. Ihre Tochter fühlte sich seit Jahren so wohl bei uns, dass sie sogar ihren 12. Geburtstag Anfang des Jahres in unserem Hotel feierte.

All diese Erlebnisse und viele mehr fanden ihren Platz in meinem Terminkalender und in meinem Herzen. Neben den herzlichen Treffen hielten auch die Arbeitstermine Einzug in meinem Kalender. Das alltägliche Geschäft forderte ebenfalls seine Aufmerksamkeit und zwischen all den schönen Begegnungen jonglierte ich Meetings, Absprachen und die Behandlungen meiner wunderbaren Arbeit.

Es tat so gut, dass so viele Menschen mir so wunderbare Nachrichten gesandt haben, mir eine wunderbare Reise wünschten und in Gedanken bei mir sind.

Ja, in solchen Momenten zu spüren und zu sehen, wer bei einem steht, ist beruhigend.

Der Aufbruch ins Ungewisse

Ich hatte gut geschlafen, doch meine Träume waren wild und voller verrückter Szenen gewesen, wie Vorboten auf das Abenteuer, das mich erwartete.
Nun war es soweit: Mein Rucksack musste gepackt werden. Die Sachen hatte ich schon Tage zuvor sorgfältig bereitgelegt. Statt mit meinem üblichen Koffer zu reisen, entschied ich mich diesmal für einen Trekking-Rucksack. Als ich das Video von meinem Schamanen und dem kleinen Boot sah, das mich über den Amazonas bringen würde, wusste ich, dass dieser Rucksack die bessere Wahl war. Und tatsächlich, später sollte sich herausstellen, wie nützlich diese Entscheidung war.
Der Morgen begann mit einem schönen Frühstück draußen im Garten. Die Sonne schien sanft auf mein Gesicht, als ob sie mir noch einmal ihre Wärme mit auf den Weg geben wollte.

Bevor es zum Flughafen ging, holten wir meine Tochter ab. Sie wollte unbedingt mitkommen, um mich zum Flieger zu begleiten. So würde mein Mann auch nicht allein auf der Heimreise sein und wir drei könnten noch etwas gemeinsame Zeit genießen. Doch wie es so oft im Leben ist, lief nicht alles reibungslos. Ein fürchterlicher Stau bremste uns aus und klaute uns wertvolle Zeit. Die Fahrt durch Berlin war dazu auch chaotisch – eine Katastrophe! Ich spürte die Nervosität in mir aufsteigen, denn ich wollte nicht hetzen und mir Zeit nehmen, um mit meiner Familie noch in Ruhe zusammenzusitzen. Doch das Schicksal war gnädig und wir kamen rechtzeitig am Flughafen an. Meine Reisesachen waren schnell aufgegeben und wir fanden sogar noch die Gelegenheit, zu dritt gemütlich etwas zu essen. Beim Abschied liefen uns allen die Tränen. Wir standen da, Arm in Arm, während die Welt um uns herum weiterzog.

Eine Dame beim Security Check sah meine feuchten Augen und sprach mir ein paar liebe tröstende Worte zu, was mir sehr guttat.

Mein Flug hatte gleich zu Beginn eine Stunde Verspätung – und das am Vollmond und Portaltag! Ich dachte mir nur: Na, wenn das kein Zeichen ist, dann weiß ich auch nicht.

Diese Reise musste einfach fantastisch werden. In Madrid landete ich gut und ich staunte, wie riesig dieser Flughafen war. Sogar eine Zugfahrt war nötig, um zum nächsten Gate zu kommen. Zum Glück hatte ich genügend Zeit und die Verspätung brachte mich nicht aus der Ruhe.

Auf dem Weg zum nächsten Flug nach Lima fühlte ich mich von all den lieben Nachrichten und guten Wünschen begleitet, die mich noch während der Autofahrt nach Berlin erreicht hatten.

Freunde und Familie dachten an mich und es war schön zu wissen, dass ich ihre guten Gedanken mit auf die Reise nahm. Während der Fahrt schrieb ich auch mit meinem Meister Joven. Sein Cousin würde mich abholen, da Joven selbst noch mit den Vorbereitungen beschäftigt war. Auf meine Frage, wie viele Teilnehmer es bei dieser Reise denn nun sein würden, kam die Antwort: Nur ich. Oha, dachte ich mir, was hat das Universum sich dabei wohl gedacht? Doch bekanntlich gibt es ja keine Zufälle. Joven beruhigte mich und schrieb, dass wir wie eine kleine Familie sein würden.

Der lange Flug von Madrid nach Lima dauerte 11 Stunden und 54 Minuten. Ich hatte einen Fensterplatz und verließ ich meinen Platz nicht ein einziges Mal.

Der Flug ging über Nacht und durch die Zeitverschiebung von sieben Stunden blieb es lange dunkel. Die Dunkelheit hüllte mich in eine gemütliche Stille, die mich beruhigte und entspannte. So flog ich in die Nacht hinein, begleitet von den stillen Sternen am Himmel, die wie treue Begleiter über mir wachten.

Mit jedem Kilometer, den das Flugzeug zurücklegte, kam ich meinem Abenteuer näher. Peru wartete auf mich und ich war bereit, mich voll und ganz auf diese Reise einzulassen. Es war der Beginn einer Reise ins Ungewisse, doch mit jeder Minute fühlte ich mich mehr in Einklang mit dem, was vor mir lag.

Ankunft in Iquitos

Nachdem ich den langen Flug von Madrid nach Lima gut überstanden hatte, wartete noch der letzte Sprung nach Iquitos auf mich. Doch wie so oft auf Reisen, lief nicht alles ganz nach Plan: Mein Gepäck, wie man mir in Berlin versichert hatte, wurde doch nicht bis Iquitos durchgecheckt. In Lima stand ich also etwas verloren zwischen all den hektischen Reisenden und musste mich durch die Sprachbarriere hindurch fragen. Irgendwie schaffte ich es, mein Gepäck zu finden und neu einzuchecken. Die Sprache war wie immer eine Herausforderung für mich, aber ich ließ mich davon nicht entmutigen. Mit meinem Mut und einem Lächeln kam ich schließlich ans Ziel. Der Flug nach Iquitos hatte etwas Verspätung, aber alles verlief weiter ohne Schwierigkeiten. Als ich schließlich in Iquitos landete, spürte ich, wie mein Herz vor Aufregung schneller schlug. Ich war endlich da! Draußen, gleich am Ausgang, sah ich schon den Cousin von meinem Schamanen. Er stand dort mit einem großen Schild, auf dem in dicken, freundlichen Buchstaben „Welcome Katja Schlottke" geschrieben stand. Ein sehr freundlicher Herr mit einem breiten Lächeln und einem einladenden Winken begrüßte mich. Mein Abenteuer begann direkt mit einer Fahrt in einem dieser lustigen Taxen, die man hier „Tuk Tuks" nennt. Es war eine abenteuerliche Fahrt durch die lebhaften Straßen von Iquitos – bunt, laut und voller Leben.

Die Szenerie erinnerte mich an Indien, doch irgendwie schien hier alles etwas entspannter und weniger chaotisch. Wir fuhren noch gemeinsam, um eine SIM-Karte für mein Handy zu kaufen. Das entpuppte sich als kleine Odyssee: neun Verkäufer standen herum, aber nur zwei arbeiteten am Schalter. Die Anderen waren mit ihren Handys beschäftigt. Eine SIM-Karte hier zu kaufen, war ein ganz ähnliches Unterfangen wie in Indien – nicht einfach! Ich musste eine Nummer ziehen und einige warteten schon vor mir. Mit Ausweis und etlichen Formularen, die ausgefüllt werden mussten, klappte es schließlich dank der Hilfe meines Fahrers. Zurück im Hotel hatte ich endlich Zeit für mich. Ich genoss eine erfrischende Dusche und zog mir etwas Lockeres an. Die warmen Temperaturen umhüllten mich wie eine sanfte Umarmung und ich fühlte mich sofort wohler. Neugierig begab ich mich auf eine kleine Erkundungstour durch die Stadt. Iquitos hatte einen ganz besonderen Charme, mit seinen alten Gebäuden, dem geschäftigen Treiben und der fröhlichen Stimmung, die in der Luft lag.

Während meines Spaziergangs entdeckte ich eine Sky Bar, die hoch über den Dächern thronte. Natürlich konnte ich nicht widerstehen und so fuhr ich mit dem Lift hinauf, um mir die Aussicht nicht entgehen zu lassen. Oben angekommen, setzte ich mich an einen Tisch und bestellte etwas zu essen und einen leckeren Cocktail. Gerade als ich den ersten Schluck nahm, begann es plötzlich fürchterlich zu regnen.
Die Tropfen prasselten wie aus Kübeln herab und ich musste noch eine Weile ausharren. Doch es war so schön dort oben, dass ich es mir mit einem Cappuccino und einem zweiten Cocktail gemütlich machte. Die Welt um mich herum verschwamm ein wenig und ich dachte: Bin ich wirklich hier in Peru?

Eine meiner drei großen Reisen ist nun auch wieder Wirklichkeit geworden. Ich in Peru, bei den Schamanen – was für ein überwältigendes Gefühl!
Nach dem Regen schlenderte ich noch ein wenig durch die Stadt, ließ den Abend auf mich wirken und tauschte noch etwas Geld um. Der Gedanke an eine wohltuende Massage kam mir plötzlich in den Sinn. Nach dem langen Flug sehnte sich mein Körper nach etwas Entspannung. Und siehe da, kaum gedacht, schon war eine Massage gefunden! Eine Stunde pure Entspannung für 80 Soles – etwa 19,19 Euro. Immer diese verrückten Zahlenkombinationen, die mir immer wieder begegneten!

Mit einer Flasche Wasser für die Nacht aus dem Supermarkt machte ich mich auf den Rückweg ins Hotel. Der Tag war intensiv gewesen, voller Eindrücke und neuer Erlebnisse. Zurück im Zimmer bereitete ich mich mit einer kurzen Meditation auf die Nachtruhe vor. Die Erlebnisse des Tages zogen noch einmal wie ein bunter Film an meinem inneren Auge vorbei. Ich fühlte eine tiefe Dankbarkeit in mir aufsteigen – für diesen Moment, diese Reise und das Abenteuer, das vor mir lag. Morgen würde ein neuer, spannender Tag beginnen und ich war bereit, mich voll und ganz auf alles einzulassen - vollkommen.

Ankunft im Paradies und die ersten Begegnungen

Die Nacht war erstaunlich gut. Obwohl ich immer wieder aufwachte, fand ich schnell zurück in den Schlaf. Um 3 Uhr morgens konnte ich es nicht lassen und rief noch einmal meine Tochter und meinen Mann an. Die beiden saßen schon zusammen. Die Zeitverschiebung beträgt 7 Stunden und mein Mann erklärte ihr gerade etwas über die neue Finanzwelt. Ein schöner Gedanke, dass sie sich daheim so gut verstehen und gemeinsam die Zeit nutzen.

Um 7 Uhr stand ich schließlich auf. Ich fühlte mich erfrischt und bereit für den Tag. Das Frühstück im Hotelgarten war ein Traum – tropische Früchte, frische Luft und das leise Zirpen der Insekten, das mich daran erinnerte, dass ich wirklich hier war, inmitten von Peru. Um 9 Uhr war es dann soweit: Es ging los zum Boot. Die Sonne war schon warm und ich spürte ein Kribbeln der Aufregung in mir.

Der Einstieg ins Boot war ein kleines Abenteuer für sich. Die schwankenden Planken, das Wackeln und Schaukeln – hier zeigte sich, dass der Rucksack die absolut beste Entscheidung gewesen war. Kein Koffer hätte diese Herausforderung gemeistert! Ich war die einzige Frau in dem Boot und ich konnte nicht umhin, mich ein wenig besonders zu fühlen.

Die Männer sahen mich neugierig an, doch ich genoss den Wind, der durch meine Haare wehte und die Aussicht auf den weiten, majestätischen Amazonas.

Eine Stunde dauerte die Überfahrt. Das Wasser glitzerte in der Sonne und links und rechts zog der Dschungel an uns vorbei. „Wann soll ich aussteigen?", fragte ich mich mehrmals und beobachtete die wenigen Haltepunkte am Ufer. Doch dann entdeckte ich Joven, meinen Schamanen, der am Ufer auf mich wartete. Angekommen im Dorf Tamshiyacu, lächelte er mir entgegen und nannte mich gleich „Kattiii" – so herzlich und vertraut, als wären wir alte Freunde.

Die Überfahrt auf dem Amazonas

Tamshiyacu

Es war ein warmes Willkommen, das mir sofort das Gefühl gab, hier richtig zu sein.

Joven zeigte mir sein Wohnhaus und wir fuhren mit einem Tuk Tuk durch das Dorf. Überall winkten uns Menschen zu und ich konnte spüren, dass hier eine besondere Gemeinschaft lebte. Schließlich kamen wir bei meinem „Hotel" an – naja, Hotel ist vielleicht etwas übertrieben, aber es war ein gemütlicher Ort und ich freute mich über die einfache Unterkunft. Hier sollte ich noch eine Nacht bleiben, da am Tag zuvor noch gefeiert wurde. Es tat gut, die Gelegenheit zu haben, mich in Ruhe einzugewöhnen.

Ich war erst einmal alleine und nutzte die Zeit, um das kleine Dorf zu erkunden. Der Dorfplatz, den sie hier „Boulevard" nennen, war wunderschön. Musik schallte durch die Luft und die Menschen lachten und plauderten miteinander. Ich fühlte mich ganz beseelt und zugleich neugierig, was wohl noch alles auf mich zukommen würde. Die Zeit verging hier unglaublich langsam, fast als hätte jemand die Uhr angehalten. Es war herrlich!

Zurück im Hotel zog ich mich noch etwas in mein Zimmer zurück. Während ich mich ausruhte, hatte ich eine seltsame, fast magische Erfahrung: Mein Körper fühlte sich plötzlich schwebend an, leicht wie eine Feder. Es war so ganz ganz leicht und ich spürte mich wie getragen. Ich schloss die Augen und genoss diesen Moment der völligen Losgelöstheit, bevor ich mich wieder auf den Weg machte.

Um 16 Uhr ging ich zu Jovens Haus, das direkt um die Ecke vom Hotel lag. Dort lernte ich seine Frau und seinen kleinen Sohn kennen. Der Zweijährige war einfach bezaubernd – ein kleiner Wirbelwind, der mit seinen großen Augen neugierig die Welt entdeckte. Ich bekam sofort etwas Leckeres zu essen und wir setzten uns gemeinsam an den Tisch.

Es war eine warme, familiäre Atmosphäre, die mich sofort in ihren Bann zog.

Mit einer weiteren Frau aus dem Dorf, machten wir uns mit dem Tuk Tuk auf den Weg.

Sie zeigten mir ihr Dorf und führten mich ein Stück in den Dschungel. Alles war so grün, so lebendig – die Geräusche der Natur waren überall, von den Rufen der Vögel bis zum Rascheln der Blätter. Die Sprachbarriere spielte dabei überhaupt keine Rolle. Sie konnten nur Spanisch, ich nicht, doch irgendwie verstanden wir uns prächtig. Die Blicke, Gesten und das gemeinsame Lachen überbrückten alle Unterschiede. Zurück im Dorf, wurde ich wieder ins Haus eingeladen und mir wurde eine Hängematte aufgehängt. Es war herrlich dort zu liegen und einfach nur die Atmosphäre in mich aufzunehmen. Sie zeigte mir Fotos vom Camp und die Vorfreude mischte sich mit einem leichten „Ohje" – Was würde mich dort erwarten? Aber auch das gehörte zum Abenteuer.

Morgen würde es ins Camp gehen und ich konnte kaum erwarten, endlich anzukommen. Zum Abschluss drehte ich noch eine kleine Runde durchs Dorf, ließ die Eindrücke des Tages Revue passieren. Mein Learning heute: immer mit der Ruhe und Vertrauen, dass alles Wichtige zum richtigen Zeitpunkt kommt. Geduld ist manchmal nicht so ganz meine Stärke, doch hier fühlte ich mich ganz im Vertrauen.

Mit diesen Gedanken kehrte ich ins Hotel zurück, wo ich mich durch eine kurze Meditation auf die Nacht vorbereitete. Es war eine unglaubliche Reise, die hier für mich begonnen hatte und ich war bereit, mich vollkommen darauf einzulassen – mit offenem Herzen und einem Lächeln auf den Lippen. Egal was kommt. Ich bin hier, um tatsächlich noch tiefer zu lernen, im vollsten Vertrauen.

Ankunft im Regenwald und innere Begegnungen

Die Nacht war okay – nicht besonders erholsam, aber auch nicht schlimm. Ich wachte immer wieder auf, doch zwischen den Momenten des Dösens und Meditierens kamen tiefere Einsichten zu mir. Eine Erkenntnis, die mich traf wie ein Blitz.

Ich spürte, dass ich mich nicht richtig mit meinem inneren Kind verbunden fühlte. Plötzlich sah ich Bilder vor meinem inneren Auge: ein kleines Kind, das endlos an einer Holzstange im Kreis lief. Immer und immer wieder, ohne Eile, ohne Wut – nur im Kreis. Es spiegelte ein Gefühl wider, das ich nur allzu gut kannte. Manchmal fühlte ich mich selbst, als würde ich mich nur im Kreis drehen, ohne klaren Plan, ohne eindeutige Visionen. War es das, was mir hier begegnen sollte? Antworten auf Fragen, die ich vielleicht noch gar nicht wirklich gestellt hatte? Oder ging es einfach darum, alles loszulassen und nur im Hier und Jetzt und Heute zu sein?

Die Aufregung stieg merklich an, als es schließlich losging. Wir machten uns auf den Weg zum Camp in einer kleinen Nussschale von Boot, die kaum stabil wirkte. Zuerst musste noch etwas Wasser aus dem Boot geschöpft werden, bevor wir den Amazonas überquerten. Die Fahrt dauerte etwa 40 Minuten, die ich mit gemischten Gefühlen aus Vorfreude und Nervosität verbrachte. Danach ging es weitere 20 Minuten zu Fuß durch den Regenwald. Der Boden war uneben und die Hitze machte den Marsch noch anstrengender. Vollbepackt mit meinem Rucksack und einem zusätzlichen Beutel, den ich den anderen abgenommen hatte, kämpfte ich mich voran. Die Feuchtigkeit und die dichte Vegetation um uns herum schienen mich aufzusaugen.

Als wir endlich im Camp ankamen, war ich erschöpft. Ich wurde zu meiner Hütte geführt – mitten im Regenwald, auf Stelzen gebaut, mit "zwei Zimmern", die nur von Moskitonetzen umgeben waren. Es fühlte sich alles so roh und unverfälscht an, als wäre ich in eine andere Welt eingetreten.

Entspannung in der Hängematte

Mein Bett

Meine Hütte

Ich bekam sofort Wasser mit frischen Limetten, die direkt vom Baum gepflückt wurden. Und Ananas, die so süß schmeckte, als hätte sie die gesamte Sonne des Regenwaldes eingefangen. Nach einer erfrischenden Dusche legte ich mich in meine Hängematte und schloss die Augen. Ich fühlte mich leicht und schwer zugleich. Als ich meine Augen öffnete, schien die Hängematte sich für einen Moment noch zu bewegen, obwohl sie still hing. Es war faszinierend, was der Geist sich alles vorstellen konnte.

Es gab eine kurze Einweisung. Alles fühlte sich so surreal an. Bin ich tatsächlich hier? Alleine? Meinen tiefen Traum in Erfüllung gebracht? Heute Abend würde die erste Ayahuasca-Zeremonie stattfinden. Ich sollte mich noch etwas ausruhen, um nicht zu müde zu sein. Wieder lag ich in der Hängematte, um mich zu entspannen. Doch meine Gedanken überschlugen sich. Die Hängematte schaukelte in meinem Kopf, mein Geist wanderte rastlos umher, als ich immer wieder die Augen schloss und öffnete. Nichts war still und doch war alles ruhig.

Plötzlich wurde ich zum Essen gerufen. Ich bemerkte, dass ich tatsächlich noch ein wenig eingeschlafen war. Hier schien die Zeit sich wirklich zu dehnen – jede Minute fühlte sich endlos an. Es war, als ob die Uhr im Dschungel einen anderen Takt schlug. Das Essen bestand aus frischem Fisch aus dem Amazonas, Reis, Gurken, Salat und Zwiebeln. Es war köstlich, doch den Reis ließ ich liegen – ich war noch nie ein großer Fan davon. Dazu gab es einen Tee aus der Rinde der Ananas mit etwas Zimt. Ein Geschmackserlebnis, das ich mir sofort für zu Hause notierte.

Während des Essens führte ich mit Joven ein Gespräch über die Lage in der Welt, über Deutschland und die vielen Unsicherheiten, die unsere Zeit prägten. Erstaunlich, wie wach die Menschen hier waren. Wie klar ihr Blick auf das große Ganze ist. „Vieles ist eine große Lüge" sagte Joven und seine Worte hallten in mir nach.

Es war, als ob ich genau hierherkommen musste, um diese Erkenntnisse zu vertiefen. Ich war am richtigen Ort, das spürte ich tief in meinem Inneren.

Währenddessen nahmen die leichten Kopfschmerzen zu und ich schwitzte sogar im Liegen. Die Luft stand still und eine extrem beruhigende Ruhe breitete sich um mich herum aus, selbst wenn in meinem Kopf ein wahres Gedankenchaos herrschte. So viele Gedanken rasten durch meinen Kopf, aber keiner schien greifbar. Es war, als ob mein Geist sich auf etwas vorbereitete, das ich noch nicht verstand. Der Dschungel um mich herum, die Hängematte, die in meinem Inneren schwankte und das Summen der Insekten – alles wurde eins in dieser merkwürdigen Mischung aus innerer Unruhe und äußerer Stille. Mit der Zeremonie vor Augen lag ich in meiner Hängematte, um die letzten Stunden bis zum Abend zu überbrücken. Ich rettete dann noch ein paar Schmetterlinge, die durch ein Loch im Netz ins „Haus" geflogen waren. Es fühlte sich an, als ob ich auch ein Teil von etwas Größerem war, das sich langsam entfaltete. Heute lernte ich: immer mit der Ruhe und Vertrauen, dass alle Informationen und alles Wichtige zum richtigen Zeitpunkt kommen. Es war eine Lektion des Loslassens und des Vertrauens in den Fluss des Lebens, mitten im Herzen des Regenwaldes.

Die erste Ayahuasca-Zeremonie – Eine Reise durch Licht und Schatten

Der Abend begann langsam, fast bedächtig. Um 17 Uhr trafen wir uns in der Halle, um die Vorbereitung zur Zeremonie zu besprechen. Er erklärte mir ruhig, was auf mich zukommen könnte – Visionen, unterdrückte Emotionen, alte Erinnerungen, die an die Oberfläche steigen.

Alles war möglich, nichts war vorhersehbar. Diese Zeremonie würde mich in tiefste Schichten meines Selbst führen und ich spürte sowohl Vorfreude als auch einen gewissen Respekt vor dem, was kommen würde. Seine Worte klangen ruhig, aber in der Luft lag eine Art von Spannung, die schwer zu greifen war. „Alles kann hochkommen - ALLES", sagte er noch einmal. Alte Erinnerungen, unterdrückte Emotionen, Ängste – all das würde vielleicht an die Oberfläche steigen. Er sprach von Visionen, inneren Reisen und tiefen Erkenntnissen. Der Spukbottich, falls ich mich übergeben muss und wenn ich auf Toilette muss, soll ich es sagen. Eine Matratze lag auf dem Boden neben meinem Stuhl. Oha, was soll das hier nachher werden?
Ich hörte zu, aber mein Kopf war voller Fragen. Was würde ich sehen? Welche Türen würden sich öffnen?

Nach der Besprechung hatte ich noch etwas Zeit für mich. Ich duschte mich. Das kühle Wasser erfrischte meinen Körper und beruhigte meine Nerven. Danach zog ich mein weißes Kleid an, das zur Zeremonie gewünscht war. Es erinnerte mich an die Rituale in Indien, wo Weiß ebenfalls als Farbe der Reinheit und des Neuanfangs gilt. Das leichte Kleid fühlte sich wie ein schützender Mantel an, der mich auf diese besondere Reise vorbereitete.
Um 19 Uhr machte ich mich auf den Weg zur Halle. Draußen war es stockdunkel. Der Dschungel schien in der Finsternis noch lebendiger zu sein als am Tag.
Die Geräusche der Insekten, das Rascheln der Blätter und das entfernte Rufen der Tiere – alles verschmolz zu einer pulsierenden Melodie, die mich umgab.
Meine Taschenlampe war mein einziger Begleiter. Das Licht tanzte über den schmalen Pfad vor mir. Trotz der Dunkelheit und der Stille spürte ich ein Kribbeln in meinem Magen. Ja, ich war aufgeregt.

Etwas Unbekanntes erwartete mich. Doch ich konnte nicht genau sagen, ob es Aufregung oder Furcht war, die sich in mir breit machte. Ich war allein und das Wissen darum, dass niemand anderes mit mir diese Reise antreten würde, machte die Dunkelheit noch dichter. Es war, als ob der Dschungel selbst ein Teil dieses Mysteriums wurde, das mich erwartete.

In der Halle angekommen, erwartete mich eine Szene von stiller Einfachheit. Nur eine einzelne Kerze flackerte und tauchte den Raum in ein schwaches, warmes Licht. Mein Platz war vorbereitet: ein bequemer Sessel stand bereit, daneben die kleine Matte auf dem Boden und mein Spukbottich – ob ich ihn brauchen werde? Alles war auf das Wesentliche reduziert und diese Einfachheit trug zur Atmosphäre der Zeremonie bei. Hier gab es keinen Schnickschnack, nur das Notwendige - und doch war es perfekt so.

Joven, mein Meister, saß auf seinem Platz und bereitete alles vor. Es war kein hektisches Treiben, sondern ein langsames, rituelles Tun. In seinen Händen hielt er eine Zigarette, doch es war keine gewöhnliche Zigarette. Diese Zigarette war ein Teil der Zeremonie, gefüllt mit heiligen Kräutern und Tabak. Er begann leise, aber kraftvoll, einen Icaro – einen schamanischen Gesang – in die Zigarette hineinzusingen. Die Melodie war fremd, doch sie vibrierte tief in mir, als ob sie einen längst vergessenen Teil meiner Seele berührte.
Er drehte die Zigarette um und zündete sie schließlich an. Der Rauch stieg auf, wirbelte leicht in der warmen Luft der Halle.

Mit langsamen, bedächtigen Bewegungen pustete Joven den Rauch in eine große Flasche, die in der Mitte des Tisches stand. Für einen Moment hielt er inne, als ob er den Rauch und seine Energie bändigen würde, dann verschloss er die Flasche. Alles was geschah, hatte eine Bedeutung, war Teil eines uralten Rituals, das ich nur ansatzweise verstand.

Ich saß da, atmete tief ein und aus, während sich die Spannung in mir aufbaute. Mein Herz schlug schneller, mein Geist war voller Gedanken. Was würde gleich passieren? Der Rauch hing in der Luft, vermischte sich mit den Klängen des Dschungels, die von draußen in die Halle drangen. Ich spürte den Boden unter mir, fest und doch irgendwie fremd. Wohin würde mich diese Reise heute führen?

Die Kerze flackerte weiter, während ich meinen Blick auf Joven richtete, der nun das Gebräu vorbereitete – Ayahuasca, das heilige Getränk, das die Tür zu anderen Welten öffnen sollte. Die Flüssigkeit in der Flasche schimmerte dunkel, fast geheimnisvoll. Ich sah zu, wie er es mit Ehrfurcht in ein kleines Glas goss und mir dann reichte. Mein Herz raste, doch ich nahm das Glas in beide Hände und schloss die Augen für einen Moment.

„Trink," sagte Joven leise und seine Stimme klang wie ein ferner Windhauch. Ich schloss meine Augen, setzte das Glas an meine Lippen und ließ die dickflüssige, erdige Flüssigkeit in meinen Mund gleiten. Der Geschmack war bitter und fremd, doch ich schluckte alles in einem Zug hinunter.
Und Jovens Worte waren dann: "Gute Reise - Kattii"...
Jetzt begann das Warten. Die Halle schien sich zu verändern, die Luft wurde schwerer, dichter. Die Dunkelheit draußen schien in die Halle zu kriechen, während die Klänge des Dschungels lauter wurden. Ich legte mich zurück und wartete. Jeder Atemzug wurde bewusster und tiefer.

Mein Körper fühlte sich seltsam leicht an, als würde er langsam den Kontakt zum Boden verlieren. Gleichzeitig spürte ich, wie etwas in mir aufstieg – eine Wärme, die sich von meinem Bauch ausbreitete und in jede Zelle meines Körpers kroch. Joven sang weiter die Icaros. Seine Stimme war wie ein Leitfaden, der mich durch das Labyrinth meiner inneren Welten führte. Ich verlor das Gefühl für Zeit und Raum. Und Zeit und Raum ist ja auch eh so ein Thema für sich.

Bilder tauchten auf, verschwanden wieder. Emotionen kamen hoch, als ob sie schon immer da gewesen wären und nur auf diesen Moment gewartet hätten.

Die Reise hatte begonnen und ich wusste, dass ich mich ihr vollständig hingeben musste. Alles, Alles was auf mich zukam, würde ich akzeptieren – ob es Licht oder Dunkelheit war.

Es begann alles ganz langsam – die erste Ayahuasca-Zeremonie. Ich saß weiter still in meinem Sessel, die Augen geschlossen, den Geschmack des bitteren Gebräus noch immer auf meinen Lippen. Die Icaro-Gesänge von Joven umspielten mich wie eine unsichtbare Welle. Dieses leichte Kribbeln in meinem Körper, als ob die Energie sich sanft ihren Weg bahnte. Ich war mir meiner vollkommen bewusst, klar im Kopf, aber das Gefühl, die Kontrolle zu verlieren, begann leise an mir zu nagen. Dann, plötzlich ging es los – und es war eine verrückte und ganz wilde Fahrt.

Meine Augen blieben die ganze Zeit über fest geschlossen, aber es war, als hätte sich vor meinem inneren Auge eine Tür zu einer anderen Welt geöffnet. Irre Bilder, unvorstellbare Formen, Farben, die sich miteinander vermischten und wieder auseinanderdrifteten. Es war, als wäre mein Geist ein Kino, in dem der Film außer Kontrolle geraten war. Dann kamen die Fratzen – schreckliche, groteske Gesichter, die mich anstarrten, verzerrt und bedrohlich. Sie tauchten auf, verschwanden, um wieder mit noch mehr Intensität zurückzukehren.

Meine Atmung wurde flacher, mein Herz schlug schneller. Und dann - dann kam die Übelkeit. Eine Übelkeit, die nicht von dieser Welt schien.

Ich beugte mich vor, griff nach dem kleinen Eimer und erbrach. Nein, das ist noch untertrieben, denn es war kein normales Erbrechen. Ich kotze mir die Seele aus dem Leib. Es fühlte sich an, als ob Etwas ganz tief, aus den Tiefen meines Inneren, herauskam. Etwas, das ich lange in mir getragen hatte. Schleim und kleine, undefinierbare Stückchen strömten heraus, als ob mein Körper sich von allem Unnötigen, allem Schweren reinigen wollte. Mir war schwindelig, mein Kopf drehte sich und mein Körper wechselte zwischen völliger Erschlaffung und einer plötzlichen, steifen Starre. Alles tat weh – jeder Muskel, jeder Knochen schien zu schreien. Und dann, fast wie ein schlechter Witz, wurde ich hypermobil. Als könnte ich mich plötzlich in alle Richtungen gleichzeitig bewegen. Es war eine Achterbahn, die nicht aufhören wollte - eine Mischung aus Schleudergang und freiem Fall.

Dann, ganz plötzlich, inmitten des Chaos, kamen Emotionen. Dankbarkeit überflutete mich. Ein Gefühl von Frieden, das meinen Körper für einen kurzen Moment durchströmte. Doch kaum hatte ich diesen Moment erfasst, brach die Angst über mich herein. Eine tiefgreifende, alles verschlingende Angst. Sie fraß sich in mein Herz und mit ihr kehrte der Schmerz in meinen Körper zurück. Als ob er nie fort gewesen wäre. Ich schrie, ich weinte. „Help me," hörte ich mich selbst rufen. Meine Stimme klang fremd in meinen Ohren. Joven sang weiter seine Icaros. Seine Stimme ruhig und beständig wie ein Anker in einem Sturm. „Katti, no fight, be in trust," sagte er. Wie sollte ich nicht kämpfen, wenn mein Körper so schmerzte und meine Beine sich wie Gummi anfühlten? Doch ich vertraute. So gut es ging, ließ ich mich in dieses Chaos fallen.

Dann spürte ich den Drang zur Toilette gehen zu müssen. „Oh Gott, nein. Nicht das auch noch," dachte ich. Wie sollte ich das schaffen, wenn sich alles drehte und meine Beine sich weigerten, mich zu tragen? Die Taschenlampe ging an und alles um mich herum drehte sich. Wie in einer Waschmaschine. Joven stützte mich und wir bewegten uns langsam nach draußen. Jeder Schritt fühlte sich an, als wäre er eine Ewigkeit. Der Weg zur Toilette war kurz, aber er schien endlos zu sein. Die Dunkelheit war absolut und nur das schwache Licht der Taschenlampe flackerte vor uns her.

In der Toilette angekommen, hörte ich Joven, wie er ein paar Schritte wegtrat, um mir meine Privatsphäre zu geben. Ich war allein in der Dunkelheit und alles um mich herum drehte sich weiter. Die Geräusche, die ich machte, während ich auf der Toilette saß, waren mir peinlich und doch konnte ich nichts dagegen tun. Mein Körper tat immer noch weh und ich hörte mich selbst immer wieder flüstern: „Oh mein Gott…Oh nein." Alles drehte sich sehr schnell und ich fühlte mich mehr las hilflos. Ich war so erschöpft, dass es eine gefühlte Ewigkeit dauerte, bis ich endlich fertig war.

Der Rückweg zur Halle war ebenso schwer. Ich war unglaublich schwach, aber ich spürte in mir, dass es ganz langsam besser wurde. Zurück in der Halle legte ich mich auf die Matte. Ich war zu schwach um zu sitzen. Es drehte sich immer noch, aber ich hatte das Gefühl, langsam wieder etwas Kontrolle zu gewinnen. Zwei Stunden waren bereits vergangen, doch plötzlich überkam mich erneut die Übelkeit. Noch einmal erbrach ich – tief, so tief, dass ich dachte, es würde nie aufhören. Doch als es vorbei war, spürte ich eine Erleichterung. Der schlimmste Teil schien hinter mir zu liegen. Dieser extreme Schwindel ließ nun auch mehr und mehr nach. Und Tränen der Erleichterung und Freude liefen über meine Wangen.

Joven brachte mich schließlich zu meiner Hütte. Es war etwa 21:45 Uhr, als ich mich in mein Bett legte. Ich griff noch schnell nach meinem Handy, um alles, was ich erlebt hatte, auf meinem Voicerecorder festzuhalten. Ich wollte nichts vergessen. Mein Körper arbeitete weiter, selbst in der Stille meiner Hütte. Sobald ich die Augen schloss, tauchten wieder Bilder auf. Doch dieses Mal waren sie sanfter und friedlicher. Öffnete ich meine Augen, war alles ruhig. Es war eine merkwürdige Balance zwischen Chaos und Klarheit.

Und dann, aus dem Nichts, überkam mich eine so tiefe Dankbarkeit. So etwas hatte ich noch nie erlebt. Es war, als ob mein ganzes Leben auf diesen Moment der Reinigung und Befreiung hingearbeitet hatte. Die Stille des Dschungels, die Naturgeräusche, all das fühlte sich so rein an. Ich war hier, im Regenwald und alles schien genau so zu sein, wie es sein sollte.

Kurz nach der Zeremonie dachte ich noch: „Das mache ich nie wieder. Nie wieder." Es war zum Teil die Hölle.

Als ich mich langsam bettfertig machte und in die Dunkelheit meiner Hütte mich in mein Bett legte, fühlte ich mich völlig beseelt, so frei und voller tiefer Dankbarkeit. Das war ein Geschenk. Der tiefe innere Frieden und die tiefe Freude spürte ich in jeder Zelle.

Zeit im Dschungel und die Vorbereitung auf die nächste Zeremonie

Es war unglaublich, wie langsam hier die Zeit verging. Die Zeit schien sich im Dschungel anders zu bewegen, als würde der Regenwald selbst den Takt der Uhr bestimmen. Als ich das erste Mal nach der Zeremonie erwachte, war ich sicher, es müsse schon 3 oder 4 Uhr sein. Doch ein Blick auf die Uhr verriet, dass es erst 23:56 Uhr war.

Der Gedanke daran, wie ich inmitten des Amazonas-Regenwaldes lag, unter dem Dach des dichten, atmenden Dschungels, umgeben von dieser uralten, lebendigen Welt, erschien mir noch immer unwirklich. Es war, als wäre ich Teil eines Traumes, der sich mit jeder Minute tiefer in meine Seele grub.

Um 6 Uhr stand ich auf. Die Luft war frisch, klar und eine wunderbare Stille breitete sich um mich aus. Dazu die vielfältigen Geräuschen der Natur. Das Konzert des Dschungels – die Vögel, das Rascheln der Blätter, das leise Zirpen und Summen – war alles andere als laut, aber es vibrierte förmlich mit Leben. Ich trat vor meine Hütte und ließ mich von diesem Moment völlig einnehmen. Es fühlte sich an, als würde die Natur mich umarmen. Als sei ich Teil eines größeren, natürlichen Rhythmus.

Nach einer erfrischenden Dusche kam mein Meister, um nach mir zu sehen. "8 Uhr Frühstück", sagte er. Ich verspürte noch gar keinen Hunger, fühlte mich aber dennoch bereit für den Tag. Die Medizin, die ich heute eigentlich nehmen sollte, verschoben wir auf morgen – nach der intensiven Zeremonie gestern Abend war eine Pause wohl das Beste. Also legte ich mich noch für eine Weile in meine Hängematte.

Die sanfte Bewegung der Hängematte und die Klänge des Dschungels ließen mich zur Ruhe kommen. Eine ganz tiefe Ruhe, die ich einfach genoss und ganz im Moment des Jetzt war.

Beim Frühstück um 8 Uhr gab es Grapefruit, Papaya und Bananen – alles frisch und unglaublich lecker. Mein Magen war noch etwas empfindlich, aber die Leichtigkeit des Essens tat mir gut.

Danach brachen wir um 9 Uhr zu einem neuen Abenteuer auf: ein Ausflug tief in den Regenwald. Ich war überwältigt von der schieren Größe und Imposanz dieser Natur. Es war warm, nein, heiß – das Wasser lief mir in Strömen den Rücken hinunter. Jeder Schritt war ein kleiner Kampf gegen die dichte Luft und die brennende Sonne. Doch ich fühlte mich lebendig, als wäre ich Teil dieses unbändigen, wilden und majestätischen Ortes.

Wir machten Halt bei einem besonderen Baum. Einem Baum, der für seine heilende Kraft bekannt war. Der Weg dorthin war dicht bewachsen und wir mussten uns mit der Machete einen Weg freihauen. Dann schnitt Joven vorsichtig in die Rinde und wir fingen die dicken Tropfen der Baumharz-Medizin auf. Diese Tropfen, so sagte er mir, sollten Parasiten beseitigen, Blockaden lösen und die Energie im Körper wieder frei fließen lassen. Ich spürte eine tiefe Ehrfurcht vor diesem Ritual, das in seiner Einfachheit so kraftvoll war. Diese Erfahrung machte mich innerlich stärker, denn ich wusste erneut, dass ich auf dem richtigen Weg bin.

Zurück im Camp war der erste Schritt eine erfrischende Dusche. Die Hitze und die Anstrengung des Morgens hatten mich vollkommen durchgeschwitzt. Nach der Dusche legte ich eine kurze Pause ein, wusch ein paar Kleidungsstücke und hing sie auf. In meiner Hängematte döste ich noch einmal kurz weg. Der leichte Kopfschmerz, der sich angekündigt hatte, war nur noch ein leises Pochen. Ich hatte mich fast vollständig erholt, als es Zeit für das Mittagessen um 13 Uhr wurde.
Das Essen war köstlich, leicht und genau das, was mein Körper brauchte. Danach gönnte ich mir noch eine kleine Pause in der Sonne, bevor es um 16 Uhr zur nächsten Runde in die Halle ging.

Catahua

Dort würde ich Unterricht haben und mich auf die nächste Zeremonie vorbereiten. Der Gedanke an die Zeremonie erfüllte mich mit gemischten Gefühlen. Gestern hatte ich mir geschworen, das nie wieder zu machen – das erste und letzte Mal hatte ich gedacht. Doch hier stand ich wieder, neugierig und doch auch ein wenig ängstlich und respektvoll.

Beim Unterricht fragte ich Joven, ob es heute genauso intensiv werden würde wie am Abend zuvor. Ich war nervös, aber auch bereit, weiter in meine eigene innere Welt einzutauchen. Während wir sprachen, verspürte ich eine tiefe Verbindung zu meinem Kind – eine Liebe, die ich so klar noch nie gefühlt hatte. Es war, als hätte die Zeremonie mir gezeigt, wie tief diese Bindung wirklich war. In den Jahren zuvor war mir das nicht immer so bewusst gewesen und als Elternteil ist es nicht immer leicht, in gewissen Situationen die Balance zu finden. Es gibt keine Betriebsanleitung für "wie bin ich eine gute Mutter oder Vater". Dennoch fühlte ich diese Liebe und sie erfüllte mich mit einer tiefen Dankbarkeit

Am Nachmittag ging ich etwas früher in die Halle. Ich wollte meditieren und mich stretchen, um mich auf den kommenden Abend vorzubereiten. Joven bat mich, mich auf die Pritsche zu legen. Er begann meinen Hinterkopf abzutasten und plötzlich spürte ich, das sich dort blockierte Energie schon etwas löste. Es war, als würde sich ein Gewicht aus meinem Kopf lösen. Ich fühlte mich plötzlich so frei, so klar. Ich drehte mich um, legte Arme und Beine eng zusammen und die Icaro-Gesänge erfüllten den Raum. Während Joven sang, spürte ich, wie mein Körper länger und leichter wurde. Es war, als würde sich meine Energie strecken, als würde ich mich selbst erweitern.
In diesem Zustand tauchten Bilder von Menschen und Situationen auf, denen ich vergeben konnte. Es war ein befreiendes Gefühl, Loslassen und Vergebung gleichzeitig.

Meine Gedanken waren klar, mein Herz ruhig und ich fühlte, wie die Liebe und das Vertrauen in mir wuchsen. Als ich mich wieder auf den Bauch drehte, spürte ich noch ein paar tiefere Spannungen in meinem Körper – ein vages Gefühl von Aufregung und Erwartung. Ich wusste, dass gleich etwas Tiefes und Unerklärliches geschehen würde. Doch ich konnte es noch nicht wirklich greifen. Ich drehte meinen Kopf etwas, um zu luschern, was passiert. Joven bereitete sich vor. Mit einer Ruhe und Gelassenheit die ihn umgab, wie eine schützende Hülle. Er nahm eine Flüssigkeit, ein gelbes, dickflüssiges Gebräu. Trank einen Schluck davon und begann, es in seinem Mund zu gurgeln. Der Klang war seltsam, fast rituell, als würde das Gurgeln selbst ein Teil der Reinigung sein. Dann zündete er seinen besonderen Tabak an und begann, tief zu inhalieren, bevor er den Rauch wieder in den Raum blies. Ich hörte ihn leise würgen. Ein Moment der Reinigung für ihn selbst, bevor er sich auf das Nächste konzentrierte, was er für mich tun würde. Die Luft um uns herum fühlte sich schwerer an, aufgeladen mit einer Energie, die sich wie eine unsichtbare Welle in der Halle ausbreitete. Seine Gesänge erfüllten den Raum mit einer tiefen Schwingung, als ob sie etwas aus den Tiefen meiner Seele heraufbeschwören wollten.

Als er seine Vorbereitungen abgeschlossen hatte, begann er an meiner rechten Hinterkopfseite. Ich spürte seine Hände, wie sie sich über meinen Kopf bewegten. Er setzte an einer Stelle an, die sich plötzlich schwer anfühlte. Joven begann zu saugen, langsam und kraftvoll, als ob er etwas Unsichtbares aus mir herausziehen würde. Er sog und sog und mit jedem Zug spürte ich, wie etwas Dunkles, Schweres von mir weggezogen wurde. Dann pustete er es in die Luft, als ob er es von meinem Körper und meiner Seele trennte.

Er wiederholte diesen Vorgang drei Mal. Jedes Mal mit derselben intensiven Konzentration, demselben Fokus.

Danach wechselte er zur linken Seite meines Kopfes und wiederholte das Ritual. Auch hier zog er die blockierte Energie heraus, die sich wie eine Last in meinem Kopf angesammelt hatte. Am Ende, als er auch an der linken Hinterkopfseite gesaugt hatte, fühlte ich mich leicht und befreit. Mein Kopf schien sich in alle Richtungen drehen zu können – fast wie eine Eule. Ich drehte meinen Kopf nach links und rechts. Als ob mein Kopf plötzlich in einem viel größeren Radius beweglich wäre. Es war, als ob sich all die Anspannung, die ich über die Jahre angesammelt hatte, in Luft aufgelöst hätte. Nach der Reinigung blieben wir noch sitzen und unterhielten uns.

Joven erzählte mir von zwei seiner Träume, die ihm wichtige Botschaften übermittelt hatten. In einem der Träume, so erklärte er, hatte er eine Vision erhalten, die sein Leben auf eine neue Ebene brachte. Es war eine tief spirituelle Erfahrung, die er als junger Mann gemacht hatte, die ihm jedoch den Weg wies. Der Traum führte ihn zu einer Entscheidung, die sein Leben veränderte und ihn auf den schamanischen Pfad brachte.

In einem anderen Traum, als er 18 Jahre alt war, führte er gemeinsam mit seinem Vater eine Reinigungssitzung durch. Sein Vater, selbst ein erfahrener Schamane, leitete ihn durch das Ritual. Joven erzählte mir, wie klar und tief dieser Moment für ihn gewesen war – ein Moment, der ihn lehrte, was es bedeutete, die Lasten anderer Menschen zu tragen und ihnen zu helfen, diese loszulassen.

Seine Geschichten waren faszinierend und wirkten auf mich wie ein Blick in eine Welt, die mir bislang verschlossen geblieben war. Ich konnte nicht anders, als mich zu fragen: War das alles verrückt, oder war es vielleicht genau das Richtige? Die Rituale, die Gesänge, die Zeremonien – sie fühlten sich manchmal surreal an, wie aus einem anderen Zeitalter. Und doch, tief in mir, wusste ich, dass sie eine Bedeutung hatten. Vielleicht war es verrückt, vielleicht auch nicht. Aber es fühlte sich richtig an.

Vor der zweiten Ayahuasca-Zeremonie – Wenn ich das gewusst hätte!

Nach der intensiven Reinigung hatte ich noch eine halbe Stunde Pause, um mich zu sammeln. Die Luft war schwer von der Feuchtigkeit des Dschungels und die Sonne hing tief am Himmel. Schon bereit, sich bald hinter dem dichten Blätterdach zu verstecken. Ich lag in meiner Hängematte und ließ die letzten Stunden Revue passieren, während ich wusste, dass mich in Kürze die nächste Ayahuasca-Zeremonie erwartete. Dieses Mal allerdings schon um 18 Uhr, da Joven später noch als Dolmetscher für eine Zeremonie seines Vaters einspringen sollte. Ein einzelner Klient war im Camp nebenan, um an zwei Zeremonien teilzunehmen – und ich dachte mir noch, wie froh ich war, dass ich nicht an seiner Stelle war.

Wenn ich gewusst hätte, was bei mir gleich auf mich zukommt, hätte ich wohl ernsthaft darüber nachgedacht, einfach zu schwänzen! Aber wo hätte ich mich verstecken sollen? Der Dschungel bot zwar genug Versteckmöglichkeiten, aber ich war mir sicher, Joven hätte mich aufgespürt. Egal ob ich mich hinter einem Baum oder unter einem gigantischen Blatt verkrümelt hätte. Ich stellte mir schon vor, wie er mich mit einem verschmitzten Lächeln aufstöbert, während ich versuche, unauffällig hinter einem Busch zu verschwinden: „Katti, glaubst du wirklich, du kannst Ayahuasca entkommen?"
Nein, keine Chance. Ich war dem Ritual ausgeliefert – und zugegeben, irgendwo tief in mir war da auch diese verdammte Neugier, die mich vorantrieb, auch wenn mein Verstand laut schrie: „Lauf, solange du noch kannst!"
Also setzte ich mich wieder aufrecht hin, strich mein weißes Kleid glatt und versuchte, mich mental auf das Unvermeidliche vorzubereiten.

Die zweite Ayahuasca-Zeremonie – Ein Höllenritt der anderen Art

Pünktlich um 18 Uhr machte ich mich auf den Weg zur Halle. Ich fühlte mich erstaunlich entspannt und dachte noch, vielleicht wird es heute ja ruhiger. „Schön," dachte ich, „heute wird's nicht so heftig wie gestern." Eine kurze Illusion, die mich noch eine Weile trug, bevor das Universum mir wieder einmal zeigte, dass man Ayahuasca nicht unterschätzen sollte.

Zu Beginn der Zeremonie kamen Bilder hoch, die weit zurückreichten. Alte Erinnerungen aus der Schulzeit tauchten auf, die ich längst vergessen glaubte. Kleine Szenen, die mich jedoch nie richtig losgelassen hatten. Doch das war erst der Anfang. Dann kam die Erinnerung an das Ende meiner Schwangerschaft mit meinem Kind – und plötzlich war ich wieder dort. In diesem Krankenhausbett, mit dem Druck in meiner Kehle und meiner Schilddrüse, die über Nacht so angeschwollen war, dass sie meine Luftröhre abdrückte. Ich erinnerte mich, wie ich meine Nahtoderfahrung erlebte, ganz ruhig, als ob sich meine Seele drehend von meinem Körper hob. Es war warm, es war so friedlich. Ich fühlte mich seltsam losgelöst und frei.

Doch dann tauchte das Bild meiner Bettnachbarin auf – eine Frau, die an diesem Freitag eigentlich entlassen werden sollte. Aber weil ihre Kinder sie erst am nächsten Tag abholen konnten, blieb sie über Nacht. Sie war unruhig, konnte kaum schlafen und hörte schließlich mein Röcheln. Es war ihre Aufmerksamkeit, die das Licht im Zimmer anschaltete, mein „Elend" entdeckte und die Schwestern alarmierte.
Durch sie wurde alles vorbereitet und mein Kind wurde per Notkaiserschnitt in der 35. Schwangerschaftswoche geholt.

Diese Szene, dieser fast schon schicksalhafte Momente, wurde in der Zeremonie irgendwie gelöst. Als ob ein schwerer Knoten in meinem Inneren endlich aufging.

Kaum war diese Last von mir genommen, da kam wieder das Übelkeitsgefühl. Heute war es zwar nicht ganz so schlimm, mehr Schleim. Aber das tiefe Würgen fühlte sich an, als würde ich die Seele aus dem Leib jagen. Wieder tauchten diese komischen Fratzen auf, die mich höhnisch anlachten, während mein Körper durch den „Waschmaschinengang" wirbelte. Der Schwindel... oh mein Gott, dieser wahnsinnige Schwindel! Es war, als würde ich auf der wildesten Achterbahn der Welt fahren, ohne Möglichkeit, jemals auszusteigen.

Und dann kam es. Ganz plötzlich schoss ein stechender Schmerz in meine Finger. Es war, als hätte jemand meine Finger in einen Schraubstock gesteckt und immer weiter zugedreht. Meine Hände wurden steif, so richtig steif. Unglaublich und die Schmerzen waren so intensiv, dass ich dachte, ich würde ohnmächtig werden. Und ich bin wirklich kein Weichei! Aber das? Das war die Hölle. Ich spürte, wie die Kraft aus meinen Händen verschwand – plötzlich fühlte ich sie gar nicht mehr. Es war ein Gefühl völliger Taubheit. Als wären meine Hände nicht mehr Teil meines Körpers.

Dann, wie aus dem Nichts, durchzuckte ein Kribbeln meine Arme. Doch es war kein sanftes Kribbeln. Nein, es war, als hätte jemand 10.000 Volt durch meinen Körper geschickt. Meine Finger, meine Arme, alles brannte vor Schmerz. Ich konnte es nicht mehr aushalten. Ich rief immer wieder: „I don't feel my fingers! Help me!" Ich hörte Jovens beruhigende Stimme irgendwo in der Ferne: „Kattiii, atme, atme, keine Panik. Bleib im Vertrauen. No fight." Aber wie, wenn mein ganzer Körper vibrierte vor Schmerz?

Es war, als wäre ich in einem Tornado aus Energie gefangen. Unfähig, mich zu befreien. Mein ganzer Körper zitterte, vibrierte. Es fühlte sich an, als würde ich in einer Art energetischem Schmelztiegel stecken, in dem alles Alte, alles Negative aus mir herausgeschmolzen. Joven erklärte mir später, dass es sich um extreme negative Fremdenergien handelte, die sich in mir festgesetzt hatten. Es fühlte sich an, als hätte es eine Ewigkeit gedauert, bis die Schmerzen endlich nachließen. Ich war heilfroh als es vorbei war – wenn man das „vorbei" nennen konnte. Ich war so erschöpft und schwindelig, dass ich mich wieder auf die Matte legte, völlig fertig. Auf dem Boden liegend, brach ich in Tränen aus. Tränen der Erleichterung, der Reinigung. Es war, als ob alles, was in mir festsaß, endlich herausfließen konnte. Doch es war nicht steuerbar. Nichts davon – alles kam, wie es kommen sollte, ohne dass ich es verhindern konnte.

Ich dachte kurz, jetzt sei alles vorbei, es würde endlich besser werden. Aber Pustekuchen! Diese „Nachwehen" der Zeremonie waren schlimmer als alles, was ich je erlebt hatte. Und das will etwas heißen, denn gestern war es schon keine Spazierfahrt. Es war, als hätte ich eine neue, noch tiefere Schicht des Schmerzes durchbrochen. Mein Körper war schlapp. Ich konnte kaum noch laufen und doch war ich zu erschöpft, um mich richtig zu wehren. Joven und ich schleppten mich irgendwie zurück zu meiner Hütte. Ich konnte kaum gehen. Taumelnd und gestützt von meinem Schamanen erreichte ich meine Hütte. Es war 21:19 Uhr – drei Stunden waren vergangen, doch es fühlte sich an wie eine Ewigkeit. Im Bett angekommen, ließ ich mich einfach fallen. Unfähig noch irgendetwas zu steuern. Doch auch dort ging die Reise weiter. Die Stimmen, die Bilder, sie hörten nicht auf. Es war furchtbar, ja, aber tief in mir wusste ich, dass es notwendig war.

Ich ließ alles geschehen, unfähig zu kämpfen und doch im Vertrauen, dass ich dadurch stärker, klarer und freier sein würde. Ich spürte ganz tief in mir nicht nur die beginnende tiefgreifende Veränderung. Nein, es war mehr.

Ein Licht in der Dunkelheit und die Botschaften des Körpers

Ich lag in meiner Hütte, die Augen fest geschlossen und versuchte, den Fratzen, die immer wieder vor meinem inneren Auge auftauchten, zu entkommen. Diese grotesken, verzerrten Gesichter hatten mich schon die ganze Zeremonie über verfolgt und langsam reichte es mir. Mit einem leisen Seufzen öffnete ich die Augen, in der Hoffnung, die Dunkelheit um mich herum würde mich beruhigen. Doch was ich sah, war ein kleines Licht, das mich für einen Moment verwirrte.

Hier im Camp gab es kein künstliches Licht. Die Dunkelheit des Dschungels war tief und allumfassend. Aber da war es – dieses kleine Licht. Es dauerte einen Moment bis ich erkannte, dass es eine Taschenlampe war. Und dann sah ich Joven, der nach mir schaute. Seine sanfte Stimme durchbrach die Stille, als er fragte: „Wie geht es dir?" In diesem Moment spürte ich eine noch tiefere Verbindung zu ihm und zu dem, was wir hier gemeinsam durchmachten. Es war, als ob dieser kleine Akt des Nachfragens, dieses Zeichen von Fürsorge, mir noch mehr Vertrauen schenkte. Ich wusste jetzt, ich war hier genau richtig – in den besten Händen, geführt und geschützt. Diese Erkenntnis war beruhigend, fast wie eine warme Decke, die mich umhüllte. Allmählich normalisierte sich alles ein wenig bei mir, sodass ich mich langsam bettfertig machte. Meine Beine fühlten sich noch schwer an. Ich spürte aber, dass ich auf dem Weg der Besserung war.

Im Hintergrund hörte ich plötzlich Trommelschläge und Gesänge, die von der Zeremonie seines Vaters im Camp nebenan herüberdrangen. Ich dachte an den Klienten, der gerade durch seine eigene Reise ging. „Ach der Arme," murmelte ich vor mich hin, „was der jetzt wohl erlebt oder vielleicht erleben darf." Ein kleiner, fast amüsanter Gedanke, der mich lächeln ließ, während ich mich daran erinnerte, dass ich vor nicht allzu langer Zeit selbst in dieser Lage gewesen war.

Mein Schlaf in dieser Nacht war alles andere als ruhig. Ich warf mich hin und her. Als ob mein Körper noch immer in der Zeremonie festhing. Es war, als würde ich weiterhin all das verarbeiten, was hochgekommen war, aber ohne den klaren, bewussten Teil meiner Gedanken. Mein Körper durchlief noch die letzten Wellen, die Nachwehen der Reinigung. Doch ab 3:33 Uhr, als ich auf die Uhr sah, wurde es plötzlich besser. Es fühlte sich fast symbolisch an – eine Uhrzeit, die so perfekt in den Moment passte. Ein sanftes Lächeln überkam mich.

Zwar war mir noch ein bisschen schwindelig und „plümerant", aber das war okay. Der Schlimmste Teil war überstanden und ich spürte, wie sich mein Körper langsam erholte. In der Ruhe nach all dem Chaos wurde mir noch einmal bewusst, was ich schon lange wusste, aber nun wirklich noch tiefer spürte: Der Körper speichert alles. Jede Erinnerung, jede Emotion, jedes Trauma, jedes Erlebnis, das wir je erlebt haben, sitzt tief in den Zellen, im Unterbewusstsein. Es ist, als ob unser Körper ein großes Archiv ist, das wir oft nicht sehen, aber das uns prägt – viel mehr als wir manchmal glauben und überhaupt wissen. Ich spürte, dass ich wohl selbst meine Arbeit noch öfter nutzen sollte, als bisher. Quasi diesen tiefen inneren "Frühjahrsputz" - diesen eigenen Hausputz, um nicht all das negativ Gespeicherte weiter im Rucksack des Unterbewusstseins mit rumzuschleppen. Nicht länger als nötig.

Ich erkannte, wie oft ich mich in meinem Leben angepasst hatte, wie oft ich Rücksicht genommen hatte – manchmal auf Kosten meiner eigenen Wahrheit. Diese Zeremonie, so schmerzhaft und intensiv sie auch war, hatte mir das noch klarer gemacht. Es war eine Erinnerung daran, wie wichtig es ist, authentisch zu leben und nicht immer die Erwartungen anderer über die eigenen Bedürfnisse zu stellen. Der Körper, der Geist – sie speicherten alles. Und jetzt, in diesem Regenwald, wurde mir das mehr denn je bewusst.

Es war faszinierend, unglaublich und spannend zugleich. Die Reise, die ich hier durchmachte, war nicht nur eine Reise durch den Dschungel, sondern eine tiefe Reise zu mir selbst.

Denn eigentlich müsste jeder so eine Reise erleben, um zu verstehen, wie viel Licht in der eigenen Dunkelheit verborgen liegt.

Die reinigende Kraft der Natur und ein langer Abend

Der Morgen begann früh. Um 6 Uhr stand ich auf und duschte mich, doch diesmal noch bewusster als sonst. Ich nutzte die Dusche als ein bildliches Reinigungsritual. Ließ das Wasser über meinen Körper fließen und stellte mir vor, wie es alle Lasten, die ich noch in mir trug, wegspülte. Jeder Tropfen fühlte sich wie eine Befreiung an. Danach ging ich zu meiner täglichen Yoga- und Stretching-Routine über, um Körper und Geist in Einklang zu bringen. Während ich mich dehnte, hörte ich Jovens vertraute Stimme, die durch den Dschungel rief: „Katttiiiiii!" Ein kleines Lächeln breitete sich auf meinem Gesicht aus. Der Tag begann.

Heute stand etwas Neues auf dem Programm: Joven brachte mir heißes Wasser mit den 12 Tropfen der Catahua-Baumrinde, die wir gestern im Regenwald gesammelt hatten. Diese Medizin sollte für eine starke Reinigung sorgen.

Dazu bekam ich eine riesige Kanne mit 3,5 Litern Wasser. Nach 30 Minuten sollte ich beginnen, dieses Wasser so schnell wie möglich auszutrinken. Ich zog mir etwas Leichtes an – man weiß ja nie, was bei einer solchen Prozedur auf einen zukommt. Vielleicht würde es ein Wettlauf mit der Zeit werden. Die 30 Minuten begannen und ich machte mich mental bereit. Doch schon das Trinken dieser 3,5 Liter Wasser war für mich dieses Mal eine Herausforderung.

Zwischendurch wurde mir schwindelig und leichte Kopfschmerzen schlichen sich ein. Aber ich wusste, das war ein Reinigungsprozess, wie ich ihn auch vom Fasten kannte. Und zu meiner Erleichterung musste ich mich diesmal nicht übergeben – ein kleines Wunder.

Alles ging heute langsam. Ich legte mich entspannt auf mein Bett in Rückenlage und ließ meinen Körper einfach tun, was er tun musste. Es war ein schönes Gefühl, nur zu spüren und nichts zu kontrollieren. Der Morgen verging und um 9 Uhr ging ich zum Frühstück. Ein frischer Obstteller wartete auf mich: Papaya und Grapefruit – genau das, was ich brauchte, um den Tag sanft zu beginnen. Joven hatte mir geraten, heute zu relaxen. Dem Körper Ruhe zu gönnen und nicht in die Sonne zu gehen. Also machte ich es mir in meiner Hängematte gemütlich. Die Zeit schien hier so unglaublich langsam zu vergehen, fast wie in Zeitlupe. Joven schaute zwischendurch nach mir und obwohl ich noch etwas Kopfschmerzen hatte und mich gelegentlich plümerant fühlte, war es nichts, was ich nicht aushalten konnte.

Um 13 Uhr gab es Lunch – ein leichtes und leckeres Essen, das mich wieder in Balance brachte. Doch die Ruhe und der Rückzug in der Hängematte gaben mir auch viel Zeit, über alles nachzudenken. Mir kam die gestrige Zeremonie in den Sinn. Ich erinnerte mich daran, wie eine böse Fratze aus der Ahnenfamilie meiner Oma väterlicherseits aufgetaucht war.

Diese Fratze war wirklich gruselig und ich konnte nicht umhin zu denken: „Wahnsinn, was so alles in einem steckt." Fast schon unheimlich, was man tief in sich trägt, ohne es zu wissen. Und dann stellte ich mir vor, wie die Menschen in Deutschland wohl reagieren würden, wenn ich ihnen von diesen Erlebnissen erzähle. Ob sie mich dann für verrückt halten?
Joven meinte, dass es Menschen geben wird, die mich für diese Reise beneiden werden – das war seine Erfahrung.

Heute brauchte ich zum ersten Mal mein selbstgemachtes Antimoskitomittel. Ein Glück, dass es so gut funktionierte! Und als ob der Dschungel meine Wünsche hörte, bekam ich beim Mittagessen auch noch ein Ei, nachdem ich mir am Vormittag gedacht hatte: „Oh, ein Ei wäre schön." Dank meines Translaters, der auch offline funktionierte, konnte ich mich gut mit Rocio, Jovens Frau, unterhalten. Es war ein schönes Gespräch und sie sagte mir, dass sie großen Respekt vor meiner Stärke habe, dass ich das alles so durchziehe. Es gibt wohl auch einige, die sich hier nicht an die Regeln halten und dann zum Beispiel bei Essen nach Spaghetti mit Ketchup verlangen – aber das war nicht mein Weg.
Nun wusste ich auch, warum ich hier alleine war. Es ging nicht nur um die Zeremonien an sich, sondern darum, dass ich diese intensive, verrückte und manchmal schmerzhafte Reinigung, erleben durfte. Mich tief mit der schamanischen Heilkunst beschäftigen darf.
In einer Gruppe wäre vieles anders gewesen, mehr Theorie, weniger Praxis. Aber hier, so ganz allein, konnte ich alles in seiner ganzen Tiefe erleben – ob ich wollte oder nicht. Und ich musste mich meiner Sprachbarrieren alleine stellen.
Am Nachmittag bedankte ich mich bei Rocio für unser Gespräch und das wunderbare Essen. Danach hatte ich noch etwas Zeit für mich, bevor es wieder zu unserem Treffen ging. Heute gab es nur Theorie, eine Pause von den intensiven Zeremonien.

Wir erzählten viel und die Atmosphäre war entspannt. Nach dem Unterricht ging ich nicht weit hinaus – der Dschungel in der Dunkelheit hatte eine andere Präsenz und so führte ich noch eine kurze Gehmeditation durch.

Als ich wieder in meiner Hütte war, duschte ich mich. Hier, im Regenwald, wird es schon kurz nach 18 Uhr stockdunkel, als ob jemand einen Schalter umlegt. Ich dachte noch bei mir: „Das wird ein langer Abend."

Ein Tag voller Einsichten, Gespräche und Stürme

Ich muss tatsächlich eingeschlafen sein, denn um 19:38 Uhr wachte ich auf – kurz – und schlief gleich wieder weiter. Die Nacht war geprägt von lebendigen, intensiven Träumen, die sich so real anfühlten, dass ich fast glaubte, wach zu sein. Doch anders als sonst, wo ich oft das Gefühl habe, mitten im Traumgeschehen wach zu bleiben, schlief ich diesmal tief und fest, während diese Traumwelt sich um mich entfaltete. Es war, als hätte mein Geist die Arbeit der Zeremonien in die Nacht verlagert.

Kurz nach 6 Uhr stand ich auf und genoss die morgendliche Stille, die doch voller Leben war. Die Geräusche der Natur – die Rufe der Tiere, das Rascheln der Blätter – wiederholten sich, wie jeden Morgen und Abend und doch fühlten sie sich jedes Mal neu an. Mein Morgenritual begann wieder mit Stretching und etwas Yoga. Die Bewegungen halfen mir, meinen Körper zu spüren, ihn sanft zu wecken und mich zu erden.

Und dann hatte ich ein wirklich unglaubliches Gespräch mit Joven. Wir sprachen über das „Aufwachen" der Menschen hier, über das Erkennen des großen Ganzen – die ganzen Lügen, die Spaltung, die durch verschiedene Institutionen gefördert wird und wie wir oft durch die Nahrungsmittel, die uns eher krank halten, von unserer inneren Kraft abgehalten werden.

Ich war fasziniert und berührt, wie klar die Menschen hier die Dinge sehen, fernab von dem, was viele in der „zivilisierten" Welt glauben. Es war eine Bestätigung für mich, dass ich auf dem richtigen Weg bin und ich war mir selbst dankbar, dass ich stets hinterfrage, tiefer recherchiere und mich nicht von der Oberfläche täuschen lasse. Und das schon seit vielen Jahren.

„Der Healing Plan," sagte Joven, „ist, zu uns selbst zu finden, zu vertrauen und zu lernen." Viele Menschen wählen den einfachen, den „dunklen" Weg, der leichter erscheint, aber nicht der Wahre ist. Der wahre Weg, der zu sich selbst führt, erfordert Arbeit. Das Wichtigste ist, immer weiter zu lernen – jeden Tag. Dieser Prozess, das Vertrauen in sich selbst wiederherzustellen, war für mich zutiefst bewegend. Zwischendurch stiegen mir die Tränen in die Augen, als ich erkannte, dass vielleicht genau DAS meine Aufgabe ist: Menschen dabei zu unterstützen, den Weg zu sich selbst zu finden, Blockaden zu lösen und ihre eigene Wahrheit zu erkennen.

Zum Frühstück gab es heute Rührei und eine Kartoffel – Rocio meinte es wirklich gut mit mir. Jedes Mal, sagte ich schon lachend „mucho, mucho!"
Dann ging es mit dem Boot ins Dorf und auf dem Boot traf ich zwei junge Männer, die Deutsch sprachen. Es war schön, wieder einmal meine Muttersprache zu hören. Sie waren nur 2,5 Tage hier, um zwei Zeremonien bei Jovens Vater mitzuerleben. Als sie hörten, wie lange ich schon hier bin und dass ich noch über zwei Wochen vor mir habe, sahen sie mich beeindruckt an und sagten: „Wow, Respekt! Uns haben schon die zwei Zeremonien gereicht." Ich lächelte nur und dachte bei mir: „Ja, das kann ich nachvollziehen!"
Als wir wieder alleine waren, überreichte ich Joven und seiner Frau ein kleines Geschenk. Ich hatte einen 100-Euro-Schein zu einem Schmetterling gefaltet und mit Gräsern verziert.

Sie haben sich so sehr gefreut. Und die herzliche Umarmung, die ich bekam, war von tiefem Dank erfüllt.

Im Dorf Tamshiyacu angekommen, suchte ich mir einen ruhigen Platz am Boulevard. Musik spielte im Hintergrund und die Atmosphäre war friedlich. Ich nutzte die Gelegenheit, um ein Lebenszeichen an meine Lieben zu schicken, da sie noch nichts von mir gehört hatten. Doch als ich mit meinem Mann telefonierte, kam es zu einem kleinen Disput. Seine Art, Dinge zu entscheiden und nicht immer zu kommunizieren, machte mich wütend. Wie so oft, kommunizierte mein Mann nicht und somit kommt es öfter zu Missverständnissen und unnötigen Auseinandersetzungen.
Mein Kind bestätigte mein Gefühl, als wir später telefonierten. Es tat gut, mit ihr zu reden und zu wissen, dass sie meine Perspektive versteht und auch richtig ist.

Ich schlenderte weiter durch das Dorf und kaufte mir ein hübsches Poloshirt in Apricot – ein echtes Schnäppchen für 10 Euro. Dann rief Joven zum Lunch. Plötzlich brach ein unglaubliches Unwetter los. Es schüttete so heftig, dass unsere Rückfahrt verschoben werden musste. Ich war froh, dass wir nicht mitten auf dem Amazonas im Boot saßen. Während es draußen stürmte, bereitete mir Rocio eine Hängematte im Haus. Ich ruhte mich aus und auch sie zogen sich etwas zurück.
Als das Wetter sich beruhigt hatte, fuhren wir zurück zum Camp. Doch alles war jetzt ein wenig eilig. Der Weg vom Boot ins Camp dauerte nochmal 15-20 Minuten und es wurde schnell dunkel. Hier im Dschungel bedeutet Dunkelheit „absolut dunkel" – ohne jegliches Licht. In meiner Hütte angekommen, sah ich, dass der Sturm meine ganze Moskitonetz-Konstruktion zerstört hatte. Es hatte auch hier heftig gewütet. Mit Taschenlampe und etwas Improvisation gelang es mir, das Netz wieder aufzuhängen – wenn auch anders als zuvor.

Um 19:18 Uhr legte ich mich ins Bett. Was sollte ich auch anderes tun in dieser Dunkelheit? Morgen würde ich früh aufstehen müssen, denn um 4 Uhr war die nächste Ayahuasca-Zeremonie geplant. Ein bisschen Respekt kroch schon jetzt in mir hoch.

Die letzte Nacht hatte ich so intensiv geträumt – unter anderem von einem unglaublich lebendigen Orgasmus, der sogar in meinem Schlaf weiterging, als ich erwachte und trotzdem die Augen geschlossen hielt. Es war fast unglaublich. „Manometer," dachte ich noch, „was da wohl morgen wieder auf mich zukommt?"

Ein nächtliches Unwetter und die dritte Zeremonie

Mitten in der Nacht wurde ich plötzlich wach – ein heftiges Unwetter tobte über dem Dschungel. Was für ein Regen, was für ein Blitzgewitter! Ich lag alleine in meiner Hütte. Umgeben nur von den Moskitonetzen, während der Donner so laut und bedrohlich über den Himmel krachte, dass es fast die Erde erzittern ließ. Es hätte beängstigend sein können und noch vor ein paar Tagen hätte es das wohl auch. Doch erstaunlicherweise blieb ich ruhig, fast gelassen.

Vielleicht hatten die letzten Tage, die Zeremonien und all die intensiven Erlebnisse schon etwas in mir bewirkt. In der Dunkelheit, während die Natur um mich herum tobte, verspürte ich eine tiefe Ruhe, ein Vertrauen, das ich bisher so noch nicht gekannt hatte. Es war, als hätte sich in mir etwas verankert, ein unerschütterliches Gefühl von Sicherheit. Völlig getragen. Wie viele Menschen haben wohl so etwas schon einmal gespürt? Ich gehörte bis dahin nicht dazu in dieser Tiefe des Spürens.

Trotz dieser inneren Ruhe war die Nacht unruhig. Das Unwetter hielt mich wach. Und als ich auf die Uhr schaute, war es 3:50 Uhr. Es war Zeit, mich auf die dritte Ayahuasca-Zeremonie vorzubereiten.

Eine kleine Aufregung kroch in mir hoch, aber sie fühlte sich anders an – keine Angst, nur Respekt vor dem, was noch kommen würde.

Ich zündete eine Kerze an und setzte mich in der Dunkelheit meiner Hütte. Ich dachte, ich würde warten bis ich das Licht von Jovens Taschenlampe sehe. Schließlich musste er ja hier vorbei.

Doch als die Uhr 4:10 Uhr schlug, war immer noch nichts zu sehen. Das Unwetter hatte nachgelassen, aber es war immer noch tiefste Dunkelheit um mich herum. Kein Licht, keine Bewegung. „Fällt die Zeremonie heute wegen des Unwetters aus?" fragte ich mich. Irgendwie fühlte ich mich unruhig, als würde ich auf der Lauer liegen. Ich lauschte in die Stille, versuchte, irgendwelche Geräusche aufzufangen. War das die Tür meiner Hütte? Oder nur der Wind? Ich wollte nicht einfach so in die undurchdringliche Finsternis hinaustreten.

Und dann plötzlich – ein vertrautes Geräusch: „Kaaaattiii!" Es war Joven. Er rief meinen Namen durch die Nacht und ich konnte ein leichtes Lächeln nicht unterdrücken. „Oh si, si!" rief ich zurück und eilte schnell hinaus, die Dunkelheit hinter mir lassend. Das Abenteuer ging weiter und so machte ich mich auf den Weg – bereit für meine dritte Zeremonie.

Die dritte Ayahuasca-Zeremonie – Die Geburt ins Licht

Schon als ich den ersten Schluck der Ayahuasca nahm, schüttelte es mich innerlich und mein Herz begann zu rasen. Die bittere Flüssigkeit hinterließ einen Nachgeschmack, der tief in mir widerhallte. Ich spürte, wie mein Puls sich beschleunigte, als die Energie der Pflanze ihren Weg in meinen Körper fand. Doch als die ersten Icaro-Gesänge von Joven erklangen, beruhigte sich mein Atem. Die Melodien schienen meinen Körper zu durchdringen. Was würde dieses Mal kommen? Eine leise Vorahnung vermischt sich mit der Neugier.

Es begann, wie so oft, mit einem leichten Kribbeln, das langsam in meinen Bauch aufstieg. Dann setzte die vertraute Übelkeit ein – das Gefühl, das ich mittlerweile schon kannte. Doch obwohl ich den Drang zum Erbrechen spürte, blieb es diesmal aus. Mein Körper schüttelte sich innerlich, bereit für das, was kommen würde. Ich war angespannt und gleichzeitig offen für das Unbekannte.

Wieder tauchten Fratzen auf, doch nur wenige, als ob sie langsam an Kraft verloren. Und dann sah ich es: Vor mir öffnete sich ein lila Licht, ein schmaler Strahl, der wie ein Spot auf eine Bühne fiel. In diesem Licht stand jemand, doch ich konnte nicht genau erkennen, wer es war. Ich selbst stehe weiter hinten, im Dunkeln und vor mir sah ich die Schatten von Menschen. Sie bewegten sich, als wären sie Teil eines bunten, lebendigen Treibens. Doch ich war nur der Beobachter, abseits, hinten im Schatten.

Die Bilder wechselten und ich fand mich in einem Waschmaschinengang wieder – wie ein Schleudergang, der mich durchrüttelte und das auf höchster Stufe. Die Bilder rauschten an mir vorbei, doch eines blieb. Ich sah mich selbst, wie ich in einer dunklen Ecke saß, während das Leben vorne weiterging. So oft hatte ich das Gefühl, nicht wirklich meinen Platz gefunden zu haben. Plötzlich erinnerte ich mich an eine Szene aus meinem Psychologiestudium, bei der ich bei einem Seminar ein Familienwappen zeichnen sollte. Ich war die Einzige, die damals noch keins malen konnte. Ich wusste nicht, wo mein Platz war. Diese Unsicherheit, dieses Gefühl - fehl am Platz zu sein, hatte mich schon öfter in meinem Leben begleitet. Doch dann passierte etwas. Es war, als hätte mein inneres Kind genug davon, sich zu verstecken. Ich fühlte mich, wie ich mich selbst befreite – nicht durch äußere Einflüsse, sondern durch meine eigene innere Entscheidung.

Der Waschmaschinenprozess um mich herum beschleunigte sich noch einmal mehr und plötzlich entdeckte ich, wie ich ins Licht trat. Wie ich aufstieg. Es war, als ob ich geboren wurde – ins Licht hineingezogen. Ein völlig neues Gefühl, ungewohnt und intensiv. Ich fror, mein Körper zitterte und ein Teil von mir wollte sich wieder verkriechen. Doch der Prozess hielt mich weiter fest.

Ich sah unzählige Bilder, spürte die körperlichen Auswirkungen dieser Tiefenreinigung. Und dann kam der Moment: Ich stand im Licht und zum ersten Mal konnte ich es aushalten. Kein Rückzug, keine Angst – nur Licht und Klarheit.
Der Waschmaschinengang drehte sich weiter. Ich begegnete Menschen aus meinem Leben, deren Namen ich hier für mich behalte. Jede Begegnung brachte Erkenntnisse. Und bei jeder Person, die ich losließ, spürte ich, wie negative Energien von mir abfielen.

Bei einer Person aus meiner Schulzeit, die mir vor der Reise noch geschrieben hatte, sah ich, wie ihre Energie abstürzte, als ich sie losließ. Es war, als würde ich erkennen, dass ich ab sofort für negative Energien, für Energiefresser, nicht mehr zur Verfügung stehe. Ich spürte, dass ich Menschen unterstützen konnte, aber nicht, indem ich ihre Lasten trug.

Immer wieder sagte ich in meinem Inneren: „Kann weg." Und jedes Mal folgte der Transformationsprozess – die Waschmaschine drehte sich immer weiter. Auch mein Ehemann war an der Reihe. Seine Energie wirbelte durch meinen Kopf und ich arbeitete mich durch alles, was zwischen uns stand.
Dann bemerkte ich plötzlich eine massive Präsenz hinter mir. Ich drehte mich bildlich um und sah eine riesige Schlange – dick, bedrohlich, hässlich und böse.

Sie kroch näher und mein erster Impuls war, sie wegzuschicken. „Danke, kann weg", sagte ich laut in meinem Geist.
Doch etwas hielt mich zurück. Wenn ich die Schlange einfach von mir schicke, wird sie anderen Menschen Schaden zufügen. Also bat ich um ihre vollständige Auflösung, um Transformation. Die Schlange begann zu verschwinden und mit ihr lösten sich all die negativen Energien auf, die sie mit sich brachte.

Die Kraft dieser Zeremonie war überwältigend, doch anders als bei den vorherigen Zeremonien, konnte ich diesmal den Prozess steuern. Ich konnte fühlen, wie ich bewusst an den Energiepunkten arbeitete, die mich festhielten. Wie eine wirkliche Transformation möglich ist, habe ich hier das erste Mal tief erlebt und neu gelernt.

Es war nicht nur eine Reinigung, es war eine aktive Befreiung. Ich erkannte auch, dass, wenn man „ICH" sagt, es aus zwei verschiedenen Quellen kommen kann: aus dem Ego oder aus dem Herzen. Die meisten Menschen sprechen aus dem Ego. Aber wenn du aus dem Herzen sprichst, verändert sich alles. Dieser Unterschied zwischen Kontrolle und Führung wurde mir klarer als je zuvor.

„Nicht kontrollieren, sondern managen", flüsterte Joven zu mir. Das war der Schlüssel – der Schlüssel zu so vielen Dingen in meinem Leben, die ich bisher nicht vollkommen verstanden hatte.

Ich war am Ende dieser Zeremonie erschöpft, aber erfüllt. Der Weg ins Licht war hart, aber er war der einzige Weg, der zu mir selbst führte. Immer wieder dachte ich, "tiefer geht es nicht"... Doch es geht. Nicht nur mein Vertrauen wurde stärker. Das Ur-Vertrauen, ganz tief im Inneren stieg immer mehr auf.

Zum Frühstück wartete heute eine herrliche, dampfende Gemüsesuppe auf mich. Wirklich Wirklich lecker. Rocio setzte sich zu mir und fragte mich, wie es mir geht. Dank meines kleinen Übersetzers konnte ich ihr tief aus meinem Herzen antworten: „Es geht mir sehr gut... lo estoy haciendo muy bien.

Während ich die Suppe aß, spürte ich eine Vibration in meinem Kopf. Als wenn oben rechts in mir noch etwas arbeitete – eine Energie, die nachhallte. Plötzlich wurde mir bewusst, wie viele Menschen einfach unbewusst essen, nur „hineinstopfen". Schnell, schnell, schnell – ohne wirklich zu spüren, was sie zu sich nehmen. Ich hatte das schon immer als unangenehm empfunden, doch jetzt erkannte ich es noch deutlicher. Bewusst essen und BE-WUSST essen sind auch nochmal große Unterschiede.

Heute früh, als ich noch in der Hängematte lag, döste ich so vor mich hin, tief eingebettet in meinen genialen Prozess. Mein Körper war entspannt, aber mein Geist begann wieder zu wandern – in all den Fragen, die mir oft gestellt wurden. Und da kam wieder diese eine Frage, die wohl jeder irgendwann stellt: „Katja, was ist eigentlich der Sinn des Lebens?"
Ich habe sie so oft gehört, diese Frage, in meiner Arbeit. Und ich habe mich selbst auch oft gefragt: Ja, was ist es denn nun? Hatte ich hier die Antwort schon erhalten? Würde ich sie überhaupt auf dieser Reise finden? Oder liegt die Wahrheit darin, dass es keine klare, allgemeingültige Antwort gibt? Menschen schaufeln oft so viel in sich hinein – Erwartungen, Wünsche, Ängste – immer auf der Suche nach dem „einen" Sinn. Dabei vergessen sie, dass der Sinn des Lebens vielleicht genau darin besteht, nicht zu suchen, sondern einfach zu sein. Diese Reise hat mir bis hierher gezeigt, dass die Antworten oft nicht in den großen, lauten Momenten liegen, sondern in den stillen Augenblicken der Erkenntnis.

Wie an jenem Morgen, nach der Zeremonie mit der Schlange, die ich transformierte. Es war ein schwerer, intensiverer Prozess. Und doch war es da, diese Ruhe danach, wo ich die tiefste Klarheit spürte.

Der Sinn des Lebens ist vielleicht nicht eine feste Definition, sondern ein ständiger Fluss, ein ständiges Lernen und Erleben. Vielleicht liegt der Sinn darin, sich selbst zu erkennen, loszulassen und sich dem Leben voller Vertrauen hinzugeben – Schritt für Schritt, ohne ständig nach Antworten zu graben. Und da, in der Stille des Dschungels, spürte ich, dass das genug war. Die Antwort ist in mir – und in jedem von uns.

Heute Nacht hatte ich mal wieder einen dieser Träume, die einfach völlig verrückt sind – das Gehirn mixt da ja manchmal Dinge zusammen, bei denen man sich nur an den Kopf fassen kann. Ich konnte mich an eine Szene besonders gut erinnern: Meine Oma – ein richtiger Best-of-Mix aus beiden Omas – hatte meinen Mann voll am Wickel. Wohlgemerkt, er kannte keine von beiden! Wie die sich wohl da in meine Träume eingeschlichen haben? Keine Ahnung.

Sie haben sich einfach ihren Platz geschnappt und losgelegt. Es war, als ob sie sich verabredet hatten, ihm mal die Leviten zu lesen, obwohl sie ihn noch nie getroffen haben.

Und da stand er nun, in meinem Traum, völlig überfordert – und ich auch! Während ich das morgens in der Hängematte Revue passieren ließ, musste ich doch schmunzeln. Vielleicht ist da mehr dran? Hat mich das mit meinem Mann doch tiefer beschäftigt, als ich dachte? Träume packen ja manchmal Dinge aus, die wir tagsüber einfach wegschieben. Wer weiß, vielleicht wollten meine Omas meinem Unterbewusstsein nur sagen: „Schau mal genauer hin, Kindchen!" Aber wie das im Leben oft so ist – unsere Träume bringen uns zum Grübeln und irgendwie findet sich doch jeder in diesen chaotischen Szenen wieder, oder?

In meinen Pausen heute habe ich an weitere Bilder bearbeitet. Und dabei fiel mir wieder auf: Unser Haus zu Hause – da sind noch Ecken, die von negativen Energien durchzogen sind. Auch wenn ich schon einiges energetisch gereinigt habe, spüre ich noch immer einige Altlasten. In Häusern bleiben die Energien der Vormieter und des Grundstücks haften, das kann man nicht einfach übersehen. Besonders unser Dachboden braucht dringend eine gründliche Entrümpelung, damit die Energien wieder frei fließen können und sich alles leichter anfühlt, auch nach oben hin.

Die große Transformation – Der Schmetterling und die Befreiung aus dem Kokon

Ich schrieb noch einiges in mein Arbeitsheft, übte die Gesänge, und nach einer kurzen Meditation wurde mein Mund plötzlich ganz trocken. Das Wasser schmeckte danach bitter. Und dann kam dieses Bild in der Meditation: Es war, als ob ich den ersten großen Schritt mache, etwas schwerfällig zwar, aber ich kletterte auf einen Berg, auf ein Plateau – ein neuer Abschnitt, ein neuer Schritt. An meiner Hand hielt ich ein kleines Kind. Das war mein inneres Kind. Zusammen blickten wir auf eine völlig andere Welt, eine Welt voller Frieden, voller Herzenswärme und mit einem unglaublich blauen Himmel mit der Sonne, die uns wärmte. Rechts von uns saß ein riesiger Adler – zutraulich und freundlich, als würde er über uns wachen.
Es war, als würde mir gezeigt, dass ich immer dorthin klettern kann, wenn negative Energien mich umgeben. Ich gehe hinauf auf dieses Plateau, um diese kraftvolle und reine Energie zu nutzen – eine Energie, die immer für mich da ist, wenn ich sie brauche.
Plötzlich spürte ich diesen Impuls: „Geh jetzt raus… genau jetzt!" Ohne zu zögern folgte ich dieser inneren Stimme.

Und was dann geschah, fühlte sich schon magisch an. Vor mir erschien ein Schmetterling, so wunderschön und einzigartig, dass ich den Atem anhielt. Am Anfang flatterte er noch etwas aufgeregt umher. Als ob er selbst nicht wusste, wohin er wollte, unruhig und suchend. Doch dann ließ er sich nieder, direkt auf einem kleinen Baumstumpf vor meinem Haus. In diesem Moment wurde mir etwas ganz Wesentliches bewusst: Ich darf mich setzen, wo immer ich will. Und wenn es Zeit ist weiterzufliegen, kann ich das einfach tun – frei und ohne Fesseln.

Dieser Schmetterling steht für so viel mehr. Es war, als ob die Natur selbst mir zeigte, dass ich mitten in einem tiefen Transformationsprozess stehe. Ein Prozess, der mich freier und leichter macht . Die Natur führt uns immer wieder zurück zu uns selbst, sie hält uns den Spiegel vor und zeigt uns die großartigen Zusammenhänge des Lebens. Offenbart uns das große Ganze. Ich war zutiefst berührt, ganz beseelt von diesem Moment. Alles passte so perfekt zusammen. Alles in einem tiefen Frieden, leicht, frei von Anstrengung, kein Ego.

Noch ganz beseelt von diesem unvergesslichen Moment, setzte ich mich hin und griff nach meinem Buch – jenem Buch, in dem ich seit Jahren jeden Abend mein schönstes Erlebnis festhalte. Heute war es klar: Nichts würde diesen Augenblick übertreffen. Doch als ich das Buch aufschlug, um die heutige Seite zu beschreiben, stieß ich plötzlich auf die letzte Seite, die ich Anfang des Jahres immer ausfülle.

Da stand es, schwarz auf weiß – die Worte, die mich jetzt in einem Moment der Erleuchtung trafen:

„Endlich – die große Befreiung aus dem Kokon. Ich bin der schöne Schmetterling."

Ich musste zweimal hinsehen. Wie war es möglich, dass ich damals schon etwas geschrieben hatte, das so perfekt zu diesem Tag, zu diesem Moment passte?

So ein wunderbares Geschöpf habe ich
noch nie gesehen

Hatte ich unbewusst gespürt, was kommen würde? So exakt und genau?

Die Morgenzeremonie, die bereits ein Akt der Befreiung war und dann dieses wunderschöne Geschöpf – der Schmetterling, der mir direkt die Bestätigung meiner Transformation schickte.

Es war, als hätte ich es damals schon gewusst, als hätte ich auf diesen Moment gewartet. Ich war einfach nur sprachlos, überwältigt und zutiefst berührt von dieser wunderbaren Führung.

Man sagt ja, „Innen wie außen" – und heute fühlte es sich genauso an. Als ich noch mein kleines Häuschen reinigte, war es, als würde ich auch tief in mir selbst Ordnung schaffen. Jeder Handgriff, jedes Fegen und Wischen war wie ein stiller Akt der Befreiung. Als ob nicht nur der Staub, sondern auch die alten, festgefahrenen Energien verschwanden. Mit jedem Funken Schmutz, den ich entfernte, wurde mein Inneres ein Stück leichter, freier – fast so, als hätte ich einen inneren und äußeren „Frühjahrsputz" gestartet, der mich aufatmen ließ.

Und auch beim Lunch war ich mir jede Kleinigkeit be-wusst. Danach gönnte ich mir eine kurze Meditation und ein kleines Päuschen, um die Energie für den Rest des Tages zu sammeln. Denn um 16 Uhr geht es weiter. Ich war schon etwas früher dort und nutzte die Zeit für ein kleines Workout – Liegestütze, Übungen für den Rücken und die Arme, gefolgt von ein bisschen Stretching. Der Körper musste sich bewegen, ich musste mich spüren. Es ist gut, nach den stillen Stunden den Fluss der Energie in den Muskeln zu spüren.

Dann begann unser Theorieunterricht und wir vertieften uns in die Icaro-Gesänge. Wie immer war es faszinierend, die Bedeutung und die Energie hinter den Gesängen zu verstehen. Das Echo dieser alten Tradition in sich aufzunehmen. Es entstand wieder ein tolles Gespräch mit Joven, das mich tief berührte.

Doch irgendwann spürte ich, wie mein Kopf ein wenig müde wurde – Englisch zu verstehen und zu verarbeiten, das fiel mir manchmal schwer. Vor allem nach einem so langen Tag voller Eindrücke. Aber irgendwie geht es immer.

Bis 17:45 Uhr hatten wir gearbeitet. Und um 19 Uhr steht meine weitere zusätzliche „Medizin" auf dem Plan: Zarza. Diese Pflanze reinigt die Organe, das Blut und wirkt gegen Tumorzellen. Eine starke Medizin, die tief in den Körper hineinwirkt.

Dazu wurde mir gesagt, dass die nächsten drei Tage – Mittwoch, Donnerstag und Freitag – wieder Ayahuasca-Zeremonien anstehen. Ich war gespannt, was da noch auf mich zukommen würde.

Um 19:24 Uhr pustete ich meine Kerze aus. Es war wieder ein intensiverer Tag, voller Eindrücke und innerer Arbeit. Viele Menschen würden wahrscheinlich schon nach wenigen Stunden und Tagen verrückt werden, wenn sie so viel Zeit nur mit sich selbst verbringen müssten – in völliger Stille. Kein Handy, kein Fernseher, kein Radio... NICHTS, was einen ablenkt. Und vor allem: Ab spätestens 18:30 Uhr ist es hier im Dschungel stockdunkel. Eine Dunkelheit, die alles umhüllt und die Gedanken und Gefühle ungeschützt auf sich selbst zurückwirft.

Die Nacht war unruhig und kühl. Irgendwann zog ich mir meine Jacke über und streifte Socken an, um mich etwas wärmer zu halten. Ich dämmerte immer wieder vor mich hin, doch um 05:45 Uhr weckten mich die lauten Tiergeräusche endgültig. Es war, als würde der Dschungel mit voller Kraft erwachen.

Noch etwas müde verweilte ich im Bett und überlegte, ob ich heute früh duschen sollte – das kalte Wasser, das direkt aus der Erde kommt, schien angesichts der morgendlichen Kühle nicht besonders einladend. Doch kurz nach 6 Uhr beschloss ich aufzustehen, meine Zähne zu putzen und die kalte Dusche bewusst zu genießen. Alles fühlte sich irgendwie anders an – achtsamer, bedächtiger, vollkommener.

Nach der erfrischenden Dusche ging ich zur Halle und nahm mir 1,5 Stunden Zeit für ausgiebiges Stretching und Meditation. Während ich dehnte, merkte ich, wie mein Körper langsam wieder in seine alte Form zurückfand. Es war wunderbar ruhig, nur die Geräusche der Natur begleiteten mich. In mir herrschte völlige Entspannung und immer wieder dachte ich an die gestrige Zeremonie – eine unglaubliche Befreiung. Die Antworten, die ich erhielt und die tiefen Zusammenhänge, die sich mir offenbarten, waren ein unschätzbares Geschenk. Es war ein unbezahlbares Geschenk, das ich erlebt hatte und tatsächlich kaum jemandem wirklich zu erklären.

Heute Morgen, noch im Bett, hatte ich mich selbst geküsst – kiss, kiss, kiss, kiss auf beide Hände - und ich musste schmunzeln. Wenn mich jetzt jemand sieht, dachte ich noch. Aber es war witzig und so schön.

Ja, das mit der Selbstliebe... wenn man sich selbst nicht liebt, wer soll es dann tun? Viele leben auch hier das UN-BEWUSSTE und wollen geliebt werden. Doch der erste Schritt ist eben die Selbstliebe. Und vor allem, wenn es frei vom EGO ist.

Nach meinem Stretching ging ich hinunter zum kleinen Fluss, setzte mich ans Ufer und ließ die Natur auf mich wirken.

Es war so friedlich, als ob die ganze Welt stillstand,
während ich einfach da saß und das Leben um mich herum in
seiner reinsten Form wahrnahm.

Diese Ruhe war etwas, das nur die Natur bieten kann – ein Ort,
an dem man wirklich eins mit sich und der Welt wird.
Als ich zurückging, kam Joven mir schon mit meiner Medizin
entgegen. „Na dann", dachte ich, „zack und runter damit." Aber
zu meiner Überraschung schmeckte sie heute gar nicht so
fürchterlich wie sonst. Ein kleiner Sieg dachte ich und setzte
mich danach vor mein Haus auf die Treppe. Ich schloss die
Augen, atmete tief ein und genoß die Stille, die mich umgab. Der
Moment fühlte sich so rein und friedlich an – es war, als ob die
Welt für einen Augenblick stillstand.
Plötzlich spürte ich etwas Sanftes auf meiner Hand. Ich öffnete
die Augen und sah einen wunderschönen Schmetterling, der
sich leicht und zart auf meine Haut niederließ.
Es war, als hätte dieses zarte Wesen beschlossen, sich für einen
Moment mit mir zu verbinden. Als stilles Zeichen der
Transformation die ich durchmachte. Ich betrachtete ihn mit
staunenden Augen, völlig in diesem magischen Augenblick
versunken.

Um 9 Uhr war es Zeit für das Frühstück und danach stand das
Wäschewaschen auf dem Plan. Keine große Sache hier, einfach
die Kleidung im Waschbecken durchwaschen. Als die Sonne
herauskam, wusste ich, dass die Kleidung schnell trocknen
würde. Es war ein einfaches, schnelles meditatives Tun und ich
fühlte mich mit jedem Handgriff geerdeter. So ging der Morgen
ruhig und erfüllt weiter, während ich die Sonne auf meiner Haut
spürte und das Leben in seiner einfachen Schönheit genoss.

Den ganzen Tag haben wir fleißig gehandwerkelt. Wir begannen damit, meine eigene schamanische Trommel zu bauen. Ein Helfer von Joven war auch dabei, um uns zu unterstützen. Mein Gott, was für einen Aufwand! Das Leder für die Trommel stammte von einem Wildschwein und ich musste die Borsten vorsichtig mit meinem Taschenmesser entfernen, ohne das Leder zu beschädigen. Jeder Schnitt, jede Bewegung musste präzise sein. Es war ein intensiver, meditativer Prozess, bei dem ich mich mit jeder Minute tiefer mit dem Material und der spirituellen Bedeutung der Trommel verband.

Neben der Trommel haben wir sogar auch noch zwei Chakapa gebastelt und eine war für mich.

Ich war so erfüllt voller Freude und Glück. Und diese tiefe Dankbarkeit spürte ich in jeder Zelle.

Als wir den Tag abschlossen, nahm ich meine tägliche Medizin und ging zurück in mein Haus. Dort duschte ich gleich, da es noch ein kleines bisschen hell war – eine seltene Gelegenheit hier im Dschungel, wo die Nacht so schnell herein bricht. Die kühle Dusche war erfrischend, wie ein Ritual, das den Übergang vom intensiven Tag in den ruhigen Abend markierte.

Danach legte ich mich kurz in die Hängematte, um zu entspannen, den Tag Revue passieren zu lassen und die Stille zu genießen. Doch kaum hatte ich mich zurückgelehnt, war es auch schon wieder dunkel. Und bevor ich es richtig begriffen hatte, war der Tag vorbei, verschluckt von der allumfassenden Dunkelheit.

Eine Nacht des Vertrauens

Diese Nacht war besser als die Letzte. Es war zwar wieder kühl, aber ich hatte gelernt, mich anzupassen. Über mein Nachthemd zog ich meine Jacke an und streifte meine Schlafsocken über. In der Dunkelheit hörte ich die Geräusche der Wildnis. Das Leben der Natur um mich herum – es ist wirklich faszinierend. Meistens bin ich in diesen Momenten im absoluten Vertrauen, tief verbunden mit der Umgebung.

Doch diese Nacht brachte einen kurzen Moment der Unsicherheit. Plötzlich fiel etwas auf mein Dach, gefolgt von einem undefinierbaren Geräusch. Für einen Augenblick hielt ich den Atem an. „Ohje", dachte ich, während mein Herz einen Moment schneller schlug. Aber durch meine Erfahrungen hier hatte ich gelernt, schneller meine Emotionen zu lenken, mich zu beruhigen und das Vertrauen in mich und die Natur wiederzufinden. Das war die wahre Lektion, die mir diese Reise immer mehr zeigte.

Ein anderes, beinahe witziges Ereignis weckte mich später erneut: Um 1:30 Uhr, als der Dschungel eigentlich in tiefer Dunkelheit ruhte, ertönte plötzlich der laute Schrei eines Hahnes. Es war ein seltsam ironischer Moment, mitten in der Nacht von einem Hahn geweckt zu werden. Doch als ich auf die Uhr schaute, sah ich, dass ich noch 2,5 Stunden im Bett bleiben konnte. Um 4 Uhr stand die nächste Ayahuasca-Zeremonie an und ich nutzte die Zeit, um mich mental darauf vorzubereiten.

Um 3:30 Uhr zündete ich meine Kerze an. Das warme Licht flackerte sanft und begleitete mich durch die morgendliche Stille. Ich war in einer seltsamen Mischung aus Vorfreude und Ruhe als ich mich bereit machte. Dann sah ich in der Ferne das kleine Licht von Joven – das Signal, dass es Zeit war zur Halle zu gehen. Mit leisen Schritten machte ich mich auf den Weg, mein Herz ruhig, aber voller Erwartung.

Die sanfte, aber kraftvolle Heilung

Die Nacht war noch tiefschwarz als die Zeremonie begann. Irgendwie begann die Zeremonie heute sehr sachte. Hat er mir zu wenig gegeben? Es fühlte sich nicht so intensiv an wie die anderen Male und ich dachte noch bei mir: „Was wird das für eine Reise?" Ein leichtes Kribbeln durchzog meinen Körper, während ich langsam tiefer in die Wirkung der Ayahuasca eintauchte. Doch statt der üblichen Übelkeit und des Brechreizes spürte ich heute nur eines: unfassbar viel Spucke. Mein Gott, wo kam diese ganze Spucke her? Es fühlte sich an, als ob mein Körper sie literweise produzierte. Aber zumindest blieb mir das würgende Gefühl erspart.

Während ich da saß, begann sich etwas zu verändern. Ich sah wieder das Lila Licht. Heute war es eine Reise nach Innen. Ich spürte die Energie, die von oben herab durch meinen Körper floss. Diese begann sich intensiv mit meiner Wirbelsäule zu beschäftigen – Wirbel für Wirbel. Es war, als ob die Energie jede einzelne Stelle überprüfte, bearbeitete und ausrichtete. Überall dort, wo es etwas zu korrigieren gab, setzte eine tiefe innere „Arbeit" ein. Es war unfassbar, wie klar ich diesen Prozess jetzt wahrnehmen konnte. Viel kraftvoller und intensiver als je zuvor. Die Energie arbeitete sich langsam die Wirbelsäule hinunter, bis sie den Bereich meiner Lendenwirbelsäule erreichte.

Besonders im Iliosakralbereich, wo ich seit mehreren Monaten Schmerzen und Blockaden verspürt hatte, wurde es intensiver. Früher konnte ich mich manchmal selbst deblockieren, aber in letzter Zeit funktionierte das nicht mehr. Doch dann geschah etwas Erstaunliches.

Ich spürte, wie ein riesiger Stachel aus Holz, etwa fünf Meter lang, sich um meine linke Hüfte herum legte. Dieser Stachel steckte direkt im ISG (Iliosakralgelenk) und er sah aus wie ein gigantischer Elefantenstoßzahn. Es war, als ob diese Blockade, die mich so lange begleitet hatte, eine physische Form annahm. Und dann spürte ich wie dieser Stachel sich langsam entfernte. Er löste sich auf, Stück für Stück. Und mit ihm die Spannung und der Schmerz, die mich so lange belastet hatten.

Als der Stachel verschwunden war, konnte ich es kaum glauben – mein ISG war frei, beweglich und vollkommen schmerzfrei. Es war, als hätte die Ayahuasca die tiefste Schicht meiner Blockade erkannt und sie herausgezogen. Der absolute Wahnsinn!

Ich fühlte mich plötzlich so leicht, so befreit, dass ich es kaum glauben konnte. Ich kam immer mehr zu mir, ganz tief. Ich war so beweglich. Dann kam noch ein schwarzer Rabe an meine Seite. Ich bin noch tiefer in diesen Reinigungsprozess gekommen. Die Energie durchzog sanft meinen Körper. Ich spüre, wo es noch etwas zu arbeiten gibt, wie im Bauch und in der Brustwirbelsäule.

Dieser ganze Prozess verläuft in Wellen, unterstützt durch das Trommeln und die Icaro-Gesänge. Die Musik schien den Rhythmus der Heilung vorzugeben, die in mir stattfand. Welle um Welle durchlief meinen Körper, als ob die Trommel und die Gesänge den Prozess lenkten. Es war eine kraftvolle und zugleich sanfte Heilung, die ich in jeder Zelle meines Körpers spürte. Die heutige Arbeit ging so in die innere Tiefe.

Dann geschah das nächste Verrückte.

Ich saß aufrecht, drehte meinen Kopf langsam nach rechts und plötzlich – ich konnte meinen Blick so weit nach hinten richten, dass ich bis direkt hinter meinen Kopf sehen konnte. Es war, als ob ich meinen Kopf um 360 Grad drehen könnte. Ich habe es auf der linken Seite versucht und auch dort landete ich an demselben hinteren Punkt. Es war, als hätte mein Körper keine Grenzen mehr. Ich konnte rund um meinen gesamten Kopf sehen. Unglaublich! Wie ist das möglich?

Während dieser neue Zustand anhielt, setzte sich erneut der vertraute „Waschmaschinengang" in mir in Bewegung. Die Energie dreht sich und plötzlich taucht vor mir eine massive dunkle Wand auf. Sofort bat ich um ihre Auflösung – oder besser gesagt, ich wusste, dass ich sie selbst mit meiner Energie auflösen konnte. Langsam begann die Wand sich nach unten aufzurollen und ich konnte endlich weit nach vorne schauen, so weit wie nie zuvor. Mit jeder Sekunde richtete ich mich mehr und mehr auf und ich konnte das Licht vollständig aushalten, ohne es zu fürchten oder ihm ausweichen zu wollen. Es fühlte sich an, als ob ich endlich die Stärke hatte, das Licht in seiner ganzen Intensität zu empfangen.

Doch dann sah ich rechts von mir etwas Merkwürdiges: Ein Holzbalken, etwa in Schulterhöhe, der schräg zum Boden führte. Dieser Balken war mit Haken oder Nägeln an meiner rechten Schulter befestigt, als ob er mich festhielt. Und plötzlich tauchte der kleine Bladimir auf – der kleine Bladi. Er begann, den Haken zu lösen. Ein kurzer Moment der Aufregung spürte ich in mir, doch dann erkannte ich, dass es richtig war. Ich musste mir keine Sorgen um den kleinen Bladimir machen; Er würde nicht mit dem Balken fallen. Nachdem ich meine männliche Ahnenreihe dankend entlassen hatte, fiel der Balken vollständig und löste sich auf. Es war, als hätte mich diese Ahnenreihe noch festgehalten, aber nun war ich frei.

Hinter mir zeigte sich dann noch eine weitere Blockade: eine massive Steinmauer. Stein für Stein klopfte ich ab und jeder einzelne Stein fiel zu Boden. Dann sog ein riesiger Staubsauger die Steine auf und um mich herum wurde es immer heller. Ja, ich konnte das Licht – mein Licht – endlich vollständig aushalten und in seiner ganzen Kraft erstrahlen lassen. Mein Rücken war frei und meine Wirbelsäule war aufrecht und mobil.
Der Staubsauger kam noch einmal zurück, diesmal um meine Aura zu reinigen. Er zog all den alten Ballast weg, den ich so lange mit mir herumgetragen hatte. Schicht für Schicht wurde gereinigt, bis nichts mehr übrig war von dem Schutt, außer Klarheit und Licht. Es fühlte sich an, als wäre ich auf einer tieferen Ebene befreit worden und es war einfach nur der absolute Wahnsinn. Die Faszination hatte mich fast allen Übel vergessen lassen.

Langsam öffnete ich die Augen, doch ich spürte, dass der Prozess noch nicht ganz abgeschlossen war. Joven sang weiter seine Dankes-Icaro-Gesänge, während ich mich immer aufrechter fühlte, wie eine Königin. Doch dann, wie aus dem Nichts, kam kurz der Zweifel: „Nein, das kann doch nicht sein. Also aufrecht sitzen – was denken die anderen? Das wirkt doch zu hochnäsig." Aber die Gesänge ließen diese Gedanken verschwinden. Es wurde mir klar: Jeder hat das Recht, in seine volle Kraft und in sein Licht zu treten. Es ist kein Ego, sondern die natürliche Erfüllung des eigenen Potenzials.
Ich legte beide Hände auf mein Herzchakra und spürte eine tiefe Demut und Dankbarkeit. Diese beiden Gefühle – Demut und Dankbarkeit – wechselten sich in mir ab, wie in einem Trainingsrhythmus. Ich erkannte, dass ich jederzeit in diese Energien eintreten konnte, wann immer ich es brauchte. Und wenn jemand mit negativer Energie in mein Feld tritt, kann ich einfach zur Seite treten und mich schützen. Es war ein weiterer Schritt auf diesem Weg der Heilung und Transformation.

Nach der Zeremonie hatte ich noch ein wundervolles Gespräch. Mein Prozess lief dabei immer noch weiter. Während wir sprachen, sang Joven noch ein weiteres Lied – ein Lied, das er einmal für ein Baby gesungen hatte. Während er sang, geschah erneut etwas in mir. Ich sah mich als kleines Kind. Aber es war, als könnte ich mich selbst nicht richtig erkennen. Inmitten von Federn, die in einem Strudel vom Staubsauger weggesogen wurden, lag ich. Was genau das bedeutete, wusste ich nicht. Aber ich spürte, dass es seinen Sinn hatte, dass dieser Moment wichtig war.

Joven erzählte mir von einer Heilungssitzung, die er einmal mit einem zwei Monate alten Baby durchgeführt hatte. Während er sprach, bekam ich immer wieder Impulse – so viele Dinge, die ich schon immer gesagt und gelebt hatte, kamen jetzt auf eine tiefere Ebene und mit einem ganz neuen Gefühl in mir an. Es war, als hätte ich diese Wahrheiten schon immer gekannt, doch nun erlebte ich sie viel bewusster.

Der große „Waschgang" endete kurz vor 6 Uhr und als wir die Stille lauschten, hörten wir die Affen singen. Die Affen sangen immer erst am frühen Morgen. Es war, als ob sie diesen Prozess mit ihren Gesängen krönten. Ein magischer Abschluss für eine tiefgehende Zeremonie.

Seine Frau Rocio und der kleine Bladi kamen noch in die Halle. Ich konnte nicht anders, als mich schmunzelnd bei dem kleinen Bladi zu bedanken: „Gracias, Bladi!" Joven übersetzte es für Rocio und sie lächelte ebenfalls. Wir hatten insgesamt vier Stunden gearbeitet – es war inzwischen 8 Uhr.

Nachdem ich meine Medizin abgeholt hatte, ging ich duschen. Kurz darauf legte ich mich in die Hängematte, um nach dieser intensiven Arbeit etwas zu entspannen. Natürlich machte ich auch wieder ordentlich mein Bett. Es ist erstaunlich, wie selbst so einfache Handlungen zu einem schönen Ritual werden können, das die Dankbarkeit verstärkt.

Dankbar zu sein für ein Bett, ein Dach über dem Kopf und eine ruhige Nacht – na gut, manchmal haben es die Nächte auch in sich, aber trotzdem.

Auch mein morgendliches Aufstehritual hatte sich durch diese Erfahrungen verändert. Es hatte jetzt eine tiefere Bedeutung.
Nach dem Frühstück ging ich kurz zum Fluss, schlenderte etwas hin und her und säuberte unsere Spucktöpfe.
Es ist mir aufgefallen, dass um mein Haus herum immer mehr Schmetterlinge fliegen. Jeden Tag scheinen es mehr zu werden.
Ich setzte mich für einen Moment in die Sonne und tatsächlich landeten wieder einige dieser wunderschönen Schmetterlinge sanft auf meiner Haut. Es war, als wären sie Botschafter der Natur, die mich in diesem Prozess begleiteten.
Vorsichtig probierte ich ein paar Stretchingübungen aus, um mein neues, schmerzfreies Iliosakralgelenk zu testen.
Anschließend meditierte ich ein wenig. Auf einmal war es wieder Zeit für Mittagessen.
Nach dem Mittagessen setzen wir die Arbeit an meine Trommel fort. Es war schön zu sehen, wie sehr sich auch Joven darüber erfreuen konnte. Als ich ihm sagte, wie dankbar ich bin für dieses Geschenk, dass ich selbst an meiner Trommel mitarbeiten darf, strahlte er vor Freude.
Als ich ihm sagte, dass meine Trommel die kleine Schwester oder der kleine Bruder seiner Trommel sei, musste er herzhaft schmunzeln. Es war schön, diese Verbindung zu spüren, auch in so kleinen Momenten. Die Trommel musste jedoch erneut auseinandergenommen und neu bespannt werden, damit das Leder in der Sonne seine endgültige Form findet. Aber die Geduld lohnte sich und ich konnte sogar schon ein wenig auf meiner Trommel üben – ein erstes Kennenlernen.
Um 16:30 Uhr war wieder Treff in unserer Halle angesetzt.

Ich ging etwas früher rüber, genoss ein kurzes Stretching und bereitete mich darauf vor. Heute bekam ich erneut ein Icaro – diesmal eines für die Balance. Es war ein interessanter Prozess und es fiel mir von Anfang an leichter, es richtig auszusprechen. Ich erkannte, dass sich mein üben schon zeigt. Es fühlte sich stimmig an, als ob die Worte sofort ihren Platz fanden.

Nachdem wir in der Halle fertig waren, kehrte ich zu meinem Haus zurück und baute mein Bett für die Nachtruhe. Es war schon fast Routine und dennoch hatte jede Nacht hier ihre eigene Bedeutung. Kurz bevor es dunkel wurde, übte ich noch in meiner Hängematte, ließ die neuen Klänge und Gesänge in mir nachklingen. Doch schon bald war es 17:45 Uhr und die Dunkelheit begann anzubrechen.

Um 18 Uhr holte ich meine Medizin, duschte schnell und plötzlich war es wieder stockdunkel. Immer wieder faszinierend, wie schnell dann die Dunkelheit einbricht.

Morgen geht es erneut früh weiter – um 4 Uhr beginnt die nächste Zeremonie.

Die Waschmaschine des Lebens – Ein Schleudergang der besonderen Art

Um 3:50 Uhr klingelte mein Wecker. Tief geschlafen, das wüsste ich, aber was ich geträumt hatte? Keine Ahnung! Trotzdem, es war wieder soweit – die nächste Ayahuasca-Zeremonie steht an. Und schon der Gedanke daran, dass ich dieses Gebräu gleich trinken müsste – oder besser, „dürfte", um es positiver zu formulieren – brachte mich zum Schaudern. Es ist immer diese Mischung: ein bisschen Aufregung, ein bisschen Angst und natürlich die Frage, „Was wird wohl dieses Mal kommen?" Joven bereitete alles routinemäßig vor. Der Rauch, die Gesänge, seine unerschütterliche Präsenz – ein Zeremonienmeister, der keine Miene verzieht. Und ich? Ich dachte noch: „Ach, heute wird es bestimmt nicht so schlimm.

Bestimmt wird's eine entspannte Runde." Tja, falsch gedacht! Kaum hatte die Zeremonie begonnen, fing meinen Körper an zu zwicken – ganz harmlos erst, wie ein nervöses Zucken, aber dann... oh, dann legte es richtig los! Rechte Schulter, rechte Flanke. Und als wäre das nicht genug, kamen die Nieren ins Spiel. Es fühlte sich an, als würde ein Schlagzeugsolo direkt in meinen Nieren gespielt – pulsierend, pochend und alles in der Ayahuasca-typischen Dramatik. Nieren, die für Partnerschaft stehen – nicht nur für die Romantik, sondern für jede Art von Verbindung, die man mit Menschen eingeht, ob kurz- oder langfristig und auf den verschiedenen Be-ziehungsebenen.

Joven, wie immer mit einem sechsten Sinn ausgestattet, wusste natürlich genau, was los war. Bevor ich es überhaupt richtig kapiert hatte, war er schon da, mit Gesängen und Trommeln. Als würde er mein inneres Unwetter dirigieren. Und plötzlich liefen mir Tränen übers Gesicht. Aber nicht diese „Oh mein Gott, das Leben ist so schwer"-Tränen, nein – die liefen einfach so, ohne Vorwarnung. Kein Drama, kein Schmerz – einfach fließende Tränen. Während ich da saß, spürte ich meinen Körper und dachte: „Was passiert wohl nun wieder ?"
Die Waschmaschinengänge, meine treuen Begleiter, ließen natürlich nicht lange auf sich warten. Die bekannten Drehungen setzen ein. Dieses Gefühl, als würde alles in mir wild herumgewirbelt werden. Und ja, meine Augen waren wie bei jeder Zeremonie geschlossen, aber, mein Gott, wie gut kann man mit geschlossenen Augen sehen! Ja, das Sprichwort „Schließe deine Augen und du kannst besser sehen" war in diesem Moment die absolute Wahrheit. Was da nicht alles aufgetaucht ist: Alte Bekannte und Situationen aus meiner Sportzeit. Momente, die ich längst vergessen hatte. Und dann meine beiden Tanten, die Schwestern meines Vaters – als ob die beiden nur darauf gewartet hatten, wieder aufzutauchen.

Plötzlich, wie aus dem Nichts, wurde der „Schleudergang"
hochgefahren. Die Tränen flossen stärker. Und inmitten dieses
chaotischen Wasch-Schleuderprozesses kam plötzlich die
Erkenntnis: „Verdammt, viele Menschen haben mir im Laufe der
Jahre ihr ganzes Leid einfach übergestülpt!" Aber noch wichtiger
war die Erkenntnis, dass ich es zugelassen hatte. Es war, als
hätte ich freiwillig diesen dicken Mantel aus Problemen und
Leiden angezogen, damit andere sich schön weiter in ihrer
Opferrolle suhlen konnten. Das war ihre Komfortzone – und ich?
Ich hab das alles brav getragen! Ja, denn es ist oft einfacher in
dieser Opferrolle zu bleiben, als selbst etwas für die
Veränderung zu tun.

Aber jetzt? Jetzt saß ich hier, mitten in diesem wahnwitzigen
Zeremonie-Wirbel und dachte: „Oh nein, ab heute nicht mehr!"
Der Schleudergang lief weiter, aber irgendwie mit mehr Klarheit.
Vielleicht war es das, was Ayahuasca wollte: mich in die
Waschmaschine des Lebens zuzuwerfen, um all die alten Lasten
und fremden Dramen herauszuschleudern – und danach, ja,
vielleicht ein bisschen frischer, ein bisschen freier, wieder
hervorzukommen.

Und dann, als der Prozess immer intensiver wurde, die
Reinigung und Heilung – aber nicht sanft und zärtlich, sondern
direkt, tief und kompromisslos. Gefühle von Verzweiflung
krochen in mir hoch, doch das war erst der Anfang. Plötzlich
wurde es wilder: Wut und Ärger, und dann – Hass. Echter, tief
sitzender Hass. Ich war wie erstarrt. So erschrocken über dieses
Gefühl, dass ich bis dahin nie spürte. Es durchzog meinen
ganzen Körper und ich spürte: Wer hasst, hasst auch sich selbst.
Hass ist keine Emotion, die nur nach außen gerichtet ist, sie
frisst auch von innen. Es war ein Moment purer Erkenntnis – und
dann wurde mir plötzlich so übel. Mein Körper wollte alles
rauswerfen, das musste raus. Ich habe so erbrochen, aber es
war kein gewöhnliches Erbrechen. Es ging von ganz tief unten.
Ich hielt den Kotzbottich und es war ein Kraftakt.

Nein, sowas hatte ich noch nie erlebt. Es war dieser tiefe, uralte Schleim, der hochkam. Jetzt verstehe ich endlich, woher das Wort „Urschleim" kommt. Und dieser Schwindel, oh mein Gott, der begleitete alles. Es war, als würde mein inneres System durchgerüttelt werden, bis nichts mehr übrig blieb. Mit jedem Schwall von Übelkeit und Erbrechen löst sich etwas. Die Nieren, die immer noch pochten, wurden Teil des Reinigungsprozesses. Es war, als ob sie sich von den Partnerschaften und den Verbindungen, die ich im Laufe meines Lebens angesammelt hatte, befreien wollte. Jede Begegnung hinterlässt Spuren und heute wurden sie alle auf den Prüfstand gestellt. Partnerschaften auf allen Ebenen – beruflich, freundschaftlich, familiär – alles wurde durchleuchtet. Es war ein körperlicher und emotionaler Reinigungsprozess, der mich bis in die letzte Zelle durchrüttelte. Doch das war noch nicht alles. Zwischendurch tauchten kurze, helle Lichtblicke auf. Der Schmetterling, der immer wieder meine Transformation begleitete und der Adler, der mir die Weitsicht und Klarheit schenkte, blitzte kurz auf. Doch plötzlich erschien auf meiner rechten Seite, auf Höhe meiner Hüfte, ein Fisch. Ja, ein Fisch und mit ihm Wasser, Wasser, Wasser – ich verstehe, warum die Tränen am Anfang der Zeremonie einfach flossen. Wasser als Symbol der Reinigung. Der Fisch begann meine rechte Seite zu reinigen. Als ob er alles wegknabberte, was mich belastete. Und ich pustete es aus meinem System heraus. Es war ein Reinigungsritual, das ich aktiv unterstützen musste. Zuerst die rechte Seite, dann die Linke. Doch es fühlte sich noch nicht vollständig an. Ich spürte, dass noch mehr kommen musste. Und dann kam es: Ein mächtiger Wasserstrahl, wie von einem Druckstrahler, der mich von oben nach unten durchspülte. An manchen Stellen blieb er länger hängen, um die hartnäckigen Reste aufzulösen. Ich strich alles von oben nach unten ab, als würde ich meinen eigenen Körper säubern. Plötzlich erschien eine rote Schlange. Sie kroch langsam zu meiner Körpermitte.

Schlangen sind nicht gerade meine Lieblingstiere und diese hier war nicht besonders freundlich.

Mein erster Gedanke war: „Na, sie will sicherlich an meinen kleinen Fettreserven knabbern, dachte ich etwas scherzhaft - doch bitte Weg damit!"

Dann erinnerte ich mich, dass Schlangen auch für Transformation stehen. Sie häuten sich, sie erneuern sich. Und so verstand ich, dass sie da war, um die tief sitzenden Emotionen aus meinem Bauch zu transformieren, die ich gerade ausgekotzt hatte. Sie sollten reinigen, auflösen, erneuern.

Dann sah ich links von mir einen Fluss – fließend, rasant, kraftvoll, schnell reißend. Ich hielt mich ganz oben an der Quelle fest und alles, was nicht mehr zu mir gehörte, wurde vom Wasser mitgerissen. Ich schwebte, hielt mich fest und ließ los. Der Fisch, der mich zuvor begleitet hatte, lag plötzlich tot am Ufer. Doch dann taucht ein Delphin auf, fröhlich, spielerisch, singend. Er symbolisierte die Freude und Leichtigkeit, die nach der Reinigung kommen sollte.

Der Schwindel ließ noch lange nicht nach, sogar nach der Zeremonie hatte er noch eine ganze Weile angehalten. Wurde alles in meinem System neu justiert?

Joven fragte mich nur kurz, welche Themen heute aufgetaucht seien. Ich erzählte ihm von meiner langen Sportkarriere und den alten Emotionen, die sich gelöst hatten. Von den Vergleichen, die ich immer gezogen hatte – mit anderen Athleten, die mehr Medaillen hatten, doch tatsächlich waren sie nicht immer besser. Er nickte und sagte nur: „Sehr gut, Kattii, sehr gut."

Dann fragte er plötzlich: „Wie ist es mit deinem Mann?" Diese Frage traf mich unerwartet, denn wie konnte er wissen, was mich in Bezug auf meine Partnerschaft beschäftigte? Tränen stiegen auf und ich weinte bitterlich. Als er mich fragte, was ich fühlte, antwortete ich nur: „Nichts... einfach nichts." Seine Antwort war ruhig und weise: „Du wirst die Antwort erhalten."

Ich wusste, dass mein Mann mich auf seine Weise liebt, aber oft ist er so abwesend. Physisch ist er da, aber emotional ... ? Er arbeitete immer viel. Seitdem wir uns kennen und ich verstehe das, denn auch ich liebe es, zu arbeiten. Doch es gibt im Leben mehr als nur die Arbeit. Ich wünsche mir, dass wir beide das Leben wirklich leben und nicht nur funktionieren. Eine Ehe ist Arbeit, ja, aber nicht nur eine Ansammlung von Pflichten und Routine. Es braucht mehr – Verbindung, Präsenz, Bewusstsein füreinander und Zeit miteinander. Manchmal fühle ich mich so, als ob ich neben ihm herlebe, als ob unser Leben parallel läuft, sich aber selten berührt.

Ich habe mein Leben schon immer bewusst gelebt, gelernt, wie ich mich stetig weiterentwickelte. Jeder Schritt, jedes Erlebnis hat mich wachsen lassen und ich war mir der Veränderungen in mir und um mich herum immer bewusst. Doch jetzt, durch diese tiefgreifenden Zeremonien, merke ich, dass es noch weiter geht – viel tiefer. Es ist, als ob ich eine neue Ebene von mir selbst entdecke. Eine Ebene, die mich daran erinnert, dass das Leben, trotz aller Herausforderungen leicht ist, wunderbar ist. So, wie ich es schon immer spürte.

Natürlich bringt das Leben Prüfungen. Manchmal scheinen diese Momente überwältigend, manchmal erscheinen sie als unlösbare Aufgaben. Aber wenn man erkennt, dass alles im Leben Energie ist – fließend, veränderlich – dann versteht man, dass auch diese Prüfungen nur vorübergehende Wellen sind. Sie kommen, um uns etwas zu lehren, uns zu formen, doch sie gehen auch wieder. Das Leben selbst bleibt leicht, wenn man diese Perspektive behält. Der Schlüssel liegt darin, nicht in der Schwere der Probleme zu versinken, sondern die Energie zu verstehen und mit ihr zu fließen.

Die Zeremonien haben mir klar gezeigt, dass ich mehr vom Leben will – nicht nur von meinem Mann, sondern vor allem von mir selbst.

Ich möchte nicht einfach nur existieren, ich möchte leben , in seiner vollen Intensität und Tiefe.

Und das bedeutet nicht nur, dass er physisch an meiner Seite ist, sondern dass wir beide wirklich gemeinsam in unserer Ehe ankommen. Es ist Arbeit – für uns beide. Und ja, Beziehungen sind nicht immer einfach, doch auch sie können leicht sein, wenn beide bereit sind, mit der Energie des Lebens zu fließen, anstatt gegen sie anzukämpfen. Und das zählt für jede Begegnung.

Die eigentliche Frage ist: Sind wir bereit, diese Arbeit zu leisten? Sind wir bereit, uns tiefer aufeinander einzulassen, uns nicht nur zu begegnen, sondern wirklich zu sehen? Diese Zeremonie hat mir gezeigt, dass ich nicht nur in meiner Beziehung, sondern in meinem ganzen Leben diese Tiefe suche. Ich weiß, dass das Leben mir immer wieder Prüfungen auferlegt, doch in dem Moment, in dem ich diese als Teil des Flusses der Energie verstehe, wird es leicht. Ja, das Leben ist leicht – wenn man loslässt und mit fließt - sogar noch mehr.

Wir haben diese Zeremonie still beendet und ich ging in meine Hütte.

Wirklich geschlafen hatte ich nicht. Ich hatte einfach nur ungefähr 1 Stunde gedöst. Irgendwann spürte ich, dass es Zeit war, das Moskitonetz wegzunehmen. Es fühlte sich plötzlich zu eng, zu begrenzend an. Jeden Morgen baumelte ich es nach hinten, sodass ich wieder mehr Freiraum hatte.

Ich zog die Vorhänge auf, legte mich auf den Rücken und sagte laut und voller Überzeugung: JAAAA! Es war ein Moment der Befreiung! Als ob ich den Raum, die Natur, das Leben einatmen wollte. Nach einer Weile spürte ich, dass der Moment gekommen war, um in den Tag zu starten. Ich dachte daran, unter der Dusche zu springen, doch etwas in mir zog mich nach draußen, runter zum kleinen Fluss hinter meinem Häuschen. Es war 08:45 Uhr, und die klare, frische Luft des Dschungels empfing mich. Dort unten am Fluss verspürte ich plötzlich diesen starken Drang: Ich muss da rein.

Ich will das klare Wasser nicht nur an meinen Händen spüren – ich will es an meinem ganzen Körper spüren.

Ich rannte zurück, holte mein Handtuch, meine Kamera und dann ab in den Fluss. Mit einer Wasserflasche schöpfte ich das klare, kühle Wasser und goss es mir mehrmals über den Kopf und meinen ganzen Körper. Es war einfach herrlich. Nicht nur erfrischend, sondern wie ein tiefes, kraftvolles Reinigungsritual. Ich fühlte mich so leicht, so gereinigt, als ob alle letzten Tage von mir abgewaschen wurden. Die Natur, diese Stille und Kraft um mich herum, verstärkte das Gefühl. Es war nicht nur eine Reinigung des Körpers, sondern auch der Seele.

Nach dieser intensiven Erfahrung ging ich zum Frühstück und legte mich danach in die Hängematte für eine Pause. Heute waren es insgesamt fünf Stunden der Zeremonie – eine große Reinigung und Heilung. Ich dachte, tiefer geht es nicht... aber, wie immer, zeigte mir das Leben: Doch, es geht. Immer tiefer. Während ich so in der Hängematte lag, krachte es plötzlich wieder hinter meinem Häuschen. Von den Bäumen und Palmen fiel etwas Altes ab und ich schmunzelte. Die Natur hat mir wieder ein Zeichen geschickt: Altes wird manchmal auch krachend abgestoßen. Es ist Teil des Prozesses. Ich bedankte mich innerlich für dieses Zeichen, diese Bestätigung, dass ich auf dem richtigen Weg bin.

„Wenn ich jetzt noch aufs Klo könnte, wäre alles perfekt", dachte ich. Aber ich wusste, dass auch das zu seiner Zeit kommen würde. Denn wann hat man schon einen so tiefen Reinigungsprozess erlebt und das nicht als Opfer, sondern mit tiefem Vertrauen, Mut und ohne Ego? Ein Prozess, bei dem man bereit ist, in die eigenen Tiefen und manchmal auch in die Abgründe abzutauchen – das erfordert Hingabe und Vertrauen. Man wird nicht befreit, man muss sich selbst befreien.

Ich ruhte noch eine Weile, dann ging ich nach draußen. Ich gönnte mir eine Runde Gehmeditation, spürte den Boden unter meinen Füßen und begab mich anschließend in die Halle.

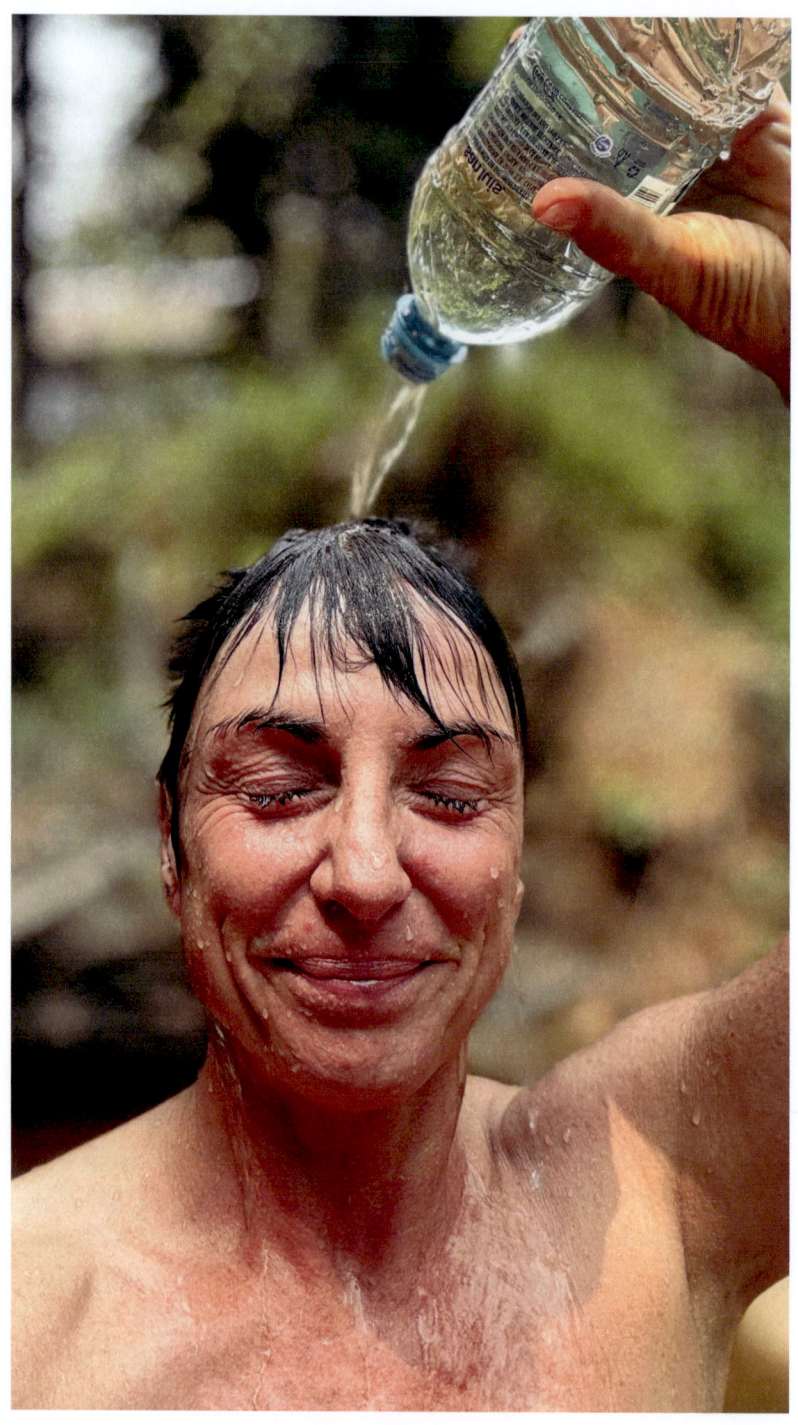

Dort räumte ich alle Altlasten weg, säuberte die Kotzbottiche, dehnte und streckte mich ein wenig. Alles geschah in einem langsamen, bewussten Tempo. Danach setzte ich mich für einen Moment in die Sonne – es war, als würde ich meine Batterien aufladen. Die Sonne wärmte meinen Körper und ich fühlte, wie sich meine Energie auf ein neues Level einpendelte. Die Tiefe dieses Prozesses – die körperliche Reinigung, die emotionale Heilung, das Loslassen – war überwältigend, aber auch befreiend. Ich war bereit für das, was als Nächstes kam.

Es war wieder Zeit für meinen Lunch und diesmal gab es Huhn. Ganz frisch. Das gute Stück war heute früh noch durch das Camp gelaufen, bevor es seinen Weg auf meinen Teller fand. Als ich so auf das saftige Stück Hähnchen blickte, fiel mir plötzlich etwas auf. Der Hahn... Ja, der Hahn, der mich sonst manchmal morgens um 1:30 Uhr mit seinem Geschrei aus dem Schlaf riss – der war heute erstaunlich still. Oh ha, dachte ich. Das erklärt einiges! Tja, so liegt es eben in der Natur: Heute hatte der Hahn Pech.
Nach dem Essen nutzte ich die Zeit, um ein wenig zu pausieren und zu lernen. Ein bisschen Trommel üben, ein bisschen Theorie und natürlich etwas Meditation – alles, was der Tag so an Ruhe und Fokus brauchte. Der Unterricht dauerte heute genau 1 Stunde und 45 Minuten. Nicht zu lang, nicht zu kurz – genau richtig, um noch etwas mitzunehmen, aber nicht so viel, dass der Kopf qualmt. Es war wirklich schön. Ich fühlte mich immer tiefer in die Zusammenhänge hineingezogen, als ob die Puzzleteile meines Lebens nach und nach ihren Platz finden. Um 18 Uhr stand dann, wie immer, meine tägliche Dosis „Zarza" auf dem Plan. Meine Heilpflanzen-Medizin – lecker? War okay. Aber was tut man nicht alles für die innere Reinigung und Gesundheit. Und kurz nach der Medizin – zack – wurde es auch schon wieder dunkel. Diese Dschungelnächte kommen schnell und mit der Dunkelheit kommt auch die Stille.

Aber bevor ich den Tag ausklingen ließ, übte ich noch ein wenig auf meiner Trommel und sang die Icaro-Gesänge. Ja, meine Trommel und ich, wir sind langsam ein richtig gutes Team.

Heute mal duschen im Dunkeln, weil ich es ja spannend mag. Man könnte sagen, ich wagte mich mehr und mehr ins Unbekannte. Zugegeben, den Weg zur Dusche kannte ich mittlerweile ja schon auswendig. Es war heute eine lange und intensive Reise. Sie fühlte sich an, dass ich wieder mehrere Schichten von mir selbst durchdrungen hatte. Ich kam immer mehr in den Fluss, verstand immer mehr diese tiefen Zusammenhänge – diese Reise ging tief, sehr tief. Es fühlte sich gut an - sehr gut sogar und so vollkommen und richtig. Ich lag noch bei Kerzenschein im Bett und dachte über den Tag nach.

Morgen um 4 Uhr geht es dann wieder los mit der nächsten Zeremonie. Ja, der frühe Vogel... ach nee, der Hahn kann mich ja nicht mehr wecken, weil... nun ja, er nicht mehr da ist.
Doch bevor ich mich schlafen legte, gab es noch einen Moment, der mich baff machte.
Nach unserem Unterricht sprach ich mit Joven, und was wir entdeckten, ließ mich nur noch ungläubig grinsen: Wir haben am gleichen Tag Geburtstag! - am 30. Dezember. Kein Zufall, dachte ich, kein Zufall. Das war wieder so ein Moment, wo das Universum kurz durchblinzelt und sagt: „Siehst du, du bist hier genau richtig!" Denn Zu-Fall heißt ja... es fällt zu, was fällig ist. Eine weitere unglaubliche Information: Seine Mutter ist 75 Jahre alt und hat noch pechschwarze Haare – ohne auch nur ein einziges Mal gefärbt zu haben. 75 Jahre! Vielleicht hat sie irgendein Geheimnis, dachte ich. Vielleicht muss ich Joven mal fragen, was ihre Geheimzutat ist. Oder vielleicht ist es einfach das Leben hier im Dschungel. Während ich mir das so durch den Kopf gehen ließ, schwirrten noch viele andere Gedanken umher.

Und langsam, ganz langsam, glitt ich in den Schlaf, bereit für die nächste Reise, die morgen früh auf mich wartet.

Nächtliche Prüfungen und der ersehnte Klogang

Diese Nacht war wieder unruhig und mein Körper schien im Dauermodus zu arbeiten. Ich spürte jede Zelle, jeden Muskel, jeden Knochen. Es war, als würde alles in mir auf Hochtouren laufen, ohne Pause. Es zog in meinen Händen, mein Bauch pochte und meine Knie meldeten sich auch. Ich drehte mich hin und her. Versuchte eine bequeme Position zu finden, aber mein Körper war einfach zu wachsam. Selbst mein Schlaf wollte mir keine Ruhe gönnen.

Und dann kamen die Träume. Und nicht irgendein Traum, nein, eine von der richtig fiesen Sorte. In diesem Traum hatten mein Mann und ich uns getrennt – und das ging nicht einfach leise und friedlich vonstatten. Plötzlich stand da diese bittere Kälte zwischen uns und ich konnte regelrecht fühlen, wie sich ein schlechtes Gewissen auf mich legen wollte. So, als ob jemand, irgendwo versuchte, mir die Schuld für alles in die Schuhe zu schieben.

War das ein Zeichen? War es eine Prüfung, die mir das Universum geschickt hatte, um mich auf etwas vorzubereiten? Eine Botschaft aus der Traumwelt, dass da etwas in meiner Beziehung im Argen liegt? Oder war es eine Prüfung – eine dieser schicken Herausforderungen, die das Universum manchmal so raushaut, um zu gucken, wie man reagiert?

Ich wusste es nicht genau, aber der Traum ließ mich nachdenklich zurück. Um 2:50 Uhr war ich auf jeden Fall hellwache. Schlafen?

Fehlanzeige! Es war einer dieser Momente, in denen du weißt, dass du nicht mehr in den Schlaf findest. Egal, wie oft du die Augen schließt. Also döste ich einfach nur noch, schließlich musste ich ja sowieso in einer Stunde aufstehen.

Doch plötzlich, ohne Vorwarnung, war es so weit: Der Moment, auf den ich seit Tagen gewartet hatte. Der ersehnte Klogang! Mein Körper versuchte fluchtartig das Bett zu verlassen. Ich kämpfte mich durch das Moskitonetz, als wäre es mein Erzfeind, der mir den Weg versperrte. Ich raste so schnell, dass ich endlich zur Toilette kam. Was für eine Erleichterung! Ich musste lachen, denn während ich da saß, ging mir durch den Kopf: „Gut, dass es jetzt passiert und nicht wieder mitten in der Zeremonie!"

In diesem Moment war ich hellwach und ehrlich gesagt, auch ein bisschen erleichtert, dass mein Körper endlich mit dem Reinigungsprozess weitergemacht hatte – und das auf eine etwas... weniger dramatische Art als bisher. Es war schnell komödiantisch wie das Leben so seine Momente plant. Da sitzt du, mitten in der Nacht, während draußen die Geräusche des Dschungels den Rhythmus vorgeben und man denkt: „Ja, das Leben hat seinen eigenen Sinn für Timing."

Zurück im Bett dachte ich noch einmal über meinen Traum nach. War der Krieg die Botschaft? War es wirklich eine Prüfung, um zu sehen, wie ich zu meiner Beziehung stehe? Oder sollte ich etwas loslassen, das nicht mehr zu mir passt? Die Antworten waren noch nicht klar, aber ich wusste, dass der Tag – und die nächste Zeremonie – vielleicht mehr Antworten bringen würde.

Der Tag hatte noch nicht mal richtig begonnen und ich war schon voller Fragen, voller Neugier, was das Universum als Nächstes für mich bereithalten würde.

Es war stockduster, als ich zur Halle hinüber stapfte. Kein Mond, keine Sterne – einfach nur Schwarz wie die Nacht. Ich stolperte über einen kleinen Ast, murmelte irgendwas leise und dachte: „Na, wenn das kein guter Anfang ist..." !

Also gut, los geht's mit der nächsten Ayahuasca-Reise. Wieder dieser Moment, der immer gleich beginnt: Du siehst die Flasche vor dir und allein schon der Anblick ließ mich erschaudern. Jede Zelle in meinem Körper dachte sich: „Muss das sein?" Aber natürlich muss es sein.

Während Joven noch ruhig die Gesänge stimmte, nahm ich einen tiefen Atemzug und schüttelte mich innerlich schon mal. Okay, Augen zu und durch. Der erste Schluck... und ja, es schüttelte mich noch mehr. Ayahuasca hat diese spezielle Art, dir gleich nach dem ersten Schluck zu signalisieren: „Das wird kein Spaziergang, meine Liebe."

Ich schloss die Augen und wartete. „Mach schon!", flüsterte ich innerlich, „Ich bin bereit!" Was will sich heute zeigen?"

Da saß ich, wie immer, still und gespannt – wie ein Kind, das auf eine große Überraschung wartet. Es war ein bisschen so, als würde ich Ayahuasca herausfordern: „Los, zeig mir, was du drauf hast!" Aber natürlich wusste ich tief in mir, dass Ayahuasca immer gewinnt.

Anfänglich begann ich mir immer wieder die Augen auszuwischen. Als ob ein unsichtbarer Schleier vor ihnen hing, den ich verlieren musste. Weg damit!

Kurz sah ich mich auf der Bühne meiner ZENERGY DAYS, umgeben von einer super Stimmung und einem unglaublichen Feeling. Es war alles so klar und wunderschön. Ich freue mich auf diesen Moment, fast schon einen Vorgeschmack auf die Zukunft.

Doch dann... die Waschmaschine.

Dieser Moment, wenn du spürst, dass etwas Großes kommt, wenn das Karussell des Lebens anfängt, sich zu drehen. Und wenn diese innere Waschmaschine loslegt, dann weißt du – da kommt noch was. Die Erfahrung hat es mir gelehrt.

Plötzlich empfand ich mich komplett ausgelaugt. Als wäre mir jede Energie aus den Knochen gesogen worden. Ich hing in meinem Stuhl wie ein Schluck Wasser in der Kurve, ohne jegliche Kraft. Es war, als ob mein Körper mir sagen wollte: „Komm, gib doch einfach auf!" Und dann kam der Impuls – glasklar und deutlich: „Leg deinen Rucksack ab." Nicht wortwörtlich, sondern diesen metaphorischen Rucksack voller Lasten und Kämpfe.

Und dann: „Leg auch das Kriegsbeil ab." Nicht begraben – nur ablegen. Du musst nicht mehr kämpfen."

Was ich dann sah, brachte mich erst mal zum Schmunzeln. Komische Figuren, wie Happy Hippos oder so Witzfiguren aus Plastik tauchten auf. Sie sahen so drollig aus, dass ich mich schnell gefragt habe, ob ich gerade in einem Cartoon gelandet bin.

Dann veränderte sich die Szenerie: Ich stehe in einer großen Arena. Rechts von mir war eine Art Tribüne und auf dieser Tribüne standen diese komischen Figuren. Sie sahen aus wie eine Mischung aus Clowns und Kriegern. Diese Typen, die immer kämpfen wollen. Und ich stand da unten, alleine, ganz alleine, aber ich wollte nicht kämpfen. Ich legte das Schwert, das Kriegsbeil einfach ab. Kein Drama, kein großes Aufsehen – einfach ablegen.

In dem Moment dachte ich: „Wie viele Menschen fühlen sich wohl wie ein Verlierer, ein Looser, wenn sie nicht kämpfen?" Wie viele Menschen führen unzählige Schlachten – im Inneren und im Äußeren – weil sie glauben - Aufgeben heißt Verlieren?"

Doch plötzlich wurde mir klar, dass das nicht meine Geschichte war. Ich war kein Verlierer. Ich war ein Gewinner. Ich legte das Kriegsbeil ab und ging. Einfach so.

Die Tribüne tobte. Die Figuren flippten aus, als ob sie mit meinem Abgang nicht klarkamen. Aber die Botschaft war klar: Ich bin kein Verlierer, nur weil ich mich weigere zu kämpfen. JAAA - Ich bin ein Gewinner. Und es war so befreiend. Es war, als ob ich jahrzehntelang einen Kampf geführt hatte, der gar nicht mein Krieg war. Und nun, in dieser einen Entscheidung, hatte ich alles losgelassen.

Es war so großartig, so fantastisch – einfach unglaublich befreiend. Ja, ein Gewinner, der erkannte, kämpfen heißt nicht immer siegen.

Dann wusste ich, warum ich mir anfangs die Augen wischte. Der Schleier, der vor mir hing, wurde endlich weggezogen. Und als ob das nicht genug war, ich verbrannte diesen Schleier mit einer Fackel. Es war ein symbolischer Moment, als hätte ich all die Unsicherheit, die Unklarheit, die mich auch begleitet hatte, einfach in Flammen aufgehen lassen. Ja, verbrannt. Was für ein Gefühl!

Und obwohl ich den Weg vor mir noch nicht ganz klar sehen konnte, kam diese klare Botschaft: „Geh einfach. Geh so weit, wie du sehen kannst und von dort aus wirst du weitergehen können." Ein Satz, der so einfach klang, aber in diesem Moment alles bedeutete. „Und wenn du nichts siehst? Geh trotzdem los." Diese Worte durchströmten mich, als ob sie direkt aus meinem Inneren kamen. Es war kein Aufruf zur Ungewissheit, sondern zur Freiheit. Zu verstehen, dass man nicht alles wissen muss, um weiterzugehen. Dass der Weg sich beim Gehen zeigt.

Plötzlich hielt ich einen Pinsel in der Hand – und nicht irgendeinen Pinsel, sondern einen mit goldener Farbe. Ich zog damit einen Kreis, eine goldene Schutzmauer um mich herum. Eine Mauer, die mich vor all dem schützt, was draußen lauert: die Neider, die Hater, die Idioten, die einem nichts Gutes gönnen und schlecht über einen reden.

Diese Mauer sollte mich abschirmen. Aber dann, wie aus dem Nichts, verwandelte sich die Mauer. Sie weichte sich auf, löste sich im Licht auf – und ich stand inmitten einer wunderschönen, großen, goldenen Lichtkugel. Es war, als hätte ich mich in dieses reine, schützende Licht gehüllt. Ein Licht, das nichts Dunkles durchlässt. Nichts Negatives kam hinein und ich empfand mich frei – unendlich Frei.

Joven trommelte noch einmal zum Abschluss und ich begann mich zu bewegen. Erst leicht, mit dem Oberkörper, dann mit den Armen. Es war, als hätte sich mein Körper in fließende Bewegung verwandelt. Alles war so leicht. Jede Bewegung so mühelos, so frei.

Ich war überaus glücklich. Jede Zelle in mir hüpfte.
Als wir schließlich aus der Halle traten, war da ein unglaubliches Bild: Eine große, volle, rote Sonne. Es war der absolute Wahnsinn. Ich konnte es kaum fassen. Es fühlte sich an wie eine Bestätigung des Universums – dass alles gut war, dass alles richtig war. Die Grillen sangen lauter als je zuvor, als würden sie uns ins Leben einladen.

Auf dem Weg, um meine Medizin abzuholen, hörte ich plötzlich Musik von dem Grundstück seines Vaters. Musik! Das erste Mal, dass ich hier Musik hörte. Sie spielte nicht lange, aber in diesem kurzen Moment war es, als ob das Leben selbst mir eine Einladung schenkte: „Tanz!" Gehe beschwingt und leicht durchs Leben!" Die Musik war das Zeichen. Eine Einladung, das Leben zu feiern, mit Freude, mit Leichtigkeit.
Tanzend, beschwingt, mit einem Lächeln auf den Lippen ging ich weiter – erfüllt von tiefer Dankbarkeit und Erfüllung. Es war, als hätte das Leben selbst mich umarmt und gesagt: „Du hast es geschafft!" Als ich später duschen ging, fühlte sich alles erneut und wieder anders an. Wirklich anders. So tief, so klar, so frei. Es war, als hätte ich eine unsichtbare Last abgelegt, die mich all die Jahre begleitet hatte. Jede Bewegung war bewusster, jeder Atemzug frischer. Ja, all das bis hierher musste so sein... all diesen Höllentrips, die Tränen, das Erbrechen und die endlosen inneren „Waschgänge", alles hatte sich so gelohnt.

Ich beschloss nach dem Duschen mir etwas Wimperntusche und Lipgloss aufzutragen. Nicht für jemand anderen, sondern nur für mich. Es war ein kleines, aber kraftvolles Symbol meiner neuen Freiheit, meiner Reinheit.
Ein Zeichen, dass ich bei mir selbst angekommen war. Kein Blick nach außen, keine Maske für die Welt – nur ICH, in meiner ganzen Kraft und Klarheit.

Es fühlte sich an, als würde ich das Leben neu beginnen, mit dieser anderen Leichtigkeit und der Freude.
Ein neuer Anfang und diesmal spielte ich nach meinen eigenen Regeln.

Zum Frühstück bekam ich einen Lemongrastee – eine angenehme, beruhigende Wärme, die mir half, den Tag langsam zu beginnen. Doch es sollte nicht lange ruhig bleiben, denn es ging nach Tamshiyacu mit dem Boot. Und was soll ich sagen? Heute musste ich den schweren Motor des Bootes mit Joven heruntertragen, weil niemand anderes da war. Oh Mann, das war ein Kraftakt! Ich spürte sofort, dass ich noch nicht in meiner vollen Kraft war. Ich schwitzte wie verrückt, aber ich habe durchgehalten. Die Treppen runter, über das wacklige Boot – jeder Schritt ein kleiner Balanceakt. Aber es gab keine andere Lösung, Augen zu und durch und die circa 40 kg mussten in das Boot.

Zuerst ging es auf den Markt, genauer gesagt, in die Markthalle. Wie es in solchen Ländern oft üblich ist, eine völlig andere Welt. Für uns Europäer oft gewöhnungsbedürftig – all diese Gerüche, das bunte Durcheinander. Aber ich kannte es schon von meinen Reisen in andere Länder. Bei uns? Undenkbar.
Hier wird das Leben einfach so gelebt, wie es kommt, ungeschönt, unverpackt und irgendwie auch frei.
Ich atmete tief ein und ließ den Moment auf mich wirken.
Nach dem Marktbesuch ging es in Jovens Haus in Tamshiyacu, wo ich ganz frisches Obst bekam. Normalerweise bin ich kein großer Fan von Papaya, aber hier? Es schmeckt einfach anders. Frisch, süß, wie eine andere Frucht.
Dann endlich – ich tauschte etwas Geld. Das hatte sich schon angefühlt, als ob ich nackt durch die Gegend laufe. Ohne Bargeld war ich doch etwas nervös gewesen, aber jetzt? Frei.

Ich fühlte mich wieder geerdet und sicher, als hätte ich die Kontrolle über meinen kleinen Teil der Welt zurückgewonnen. Denn nicht überall funktioniert eine Geldkarte und somit ist dann etwas Bargeld auch ein Stückchen Freiheit.

Natürlich meldete ich mich bei meinen Liebsten, schließlich hatten sie schon länger kein Lebenszeichen von mir gehört. Da sitzt man im Dschungel, erlebt die tiefsten spirituellen Transformationen und die Liebsten auf der anderen Seite der Welt fragen sich, ob man noch lebt oder schon von einem Affen adoptiert wurde. Also schnappte ich mir mein Handy und rief meinen Mann an.
„Wie geht's dir?" Was hast du erlebt?" fragte er. Tja, wo fange ich da an? Ich erzählte ihm von den Zeremonien, den Erkenntnissen, und wie ich mich empfand, als ich mein inneres Kriegsbeil abgelegt hatte.
Doch wie das oft so ist – das Gespräch entwickelte sich in eine etwas... unangenehme Richtung.
Plötzlich empfand er sich selbst als angegriffen. „Ich will nichts ändern", sagte er, und dann kam's: „Dann musst Du halt deine Entscheidung treffen." Aha, dachte ich mir, so viel zur Partnerschaft. Eine Ehe ist doch keine Einbahnstraße, oder? Frei nach dem Motto: „Sie putzt, sie kocht, sie näht – schade, wenn sie geht." Das war nicht der Deal. Doch warum fragte er überhaupt so direkt, wie es mir geht? Vielleicht war es seine Art, den langen Abstand zwischen uns zu überbrücken – oder war das nur sein Weg, ein bisschen Distanz zu wahren, um Gefühle unbewusst zu verstecken? Manchmal verstecken wir uns ja, ohne es selbst zu merken.
Irgendwie wurde mir in diesem Moment klar, dass ich keine Lust mehr hatte, mir diese negative Energie überstülpen zu lassen. Da sitzt du im Dschungel, reinigst deine Seele, lernst neue Wege und alte Weisheiten, während am anderen Ende der Leitung jemand den Staub, seinen Staub, aufwirbelt.

Ich bat höflich darum, das Gespräch zu beenden. Schließlich wollte ich meine neu gewonnene Freiheit nicht gleich wieder mit unnötigem Ballast beschweren.

Und ja, ich dachte mir, wenn ich wieder zu Hause bin, wird es vermutlich Gesprächsbedarf geben. Vielleicht müssen wir ein paar Dinge klären, oder vielleicht auch nicht. Das hängt ganz davon ab, ob wir bereit sind, die Sprache der Stille zu hören – oder weiterhin in unseren alten Gewohnheiten stecken bleiben wollen.

In jeder Partnerschaft gibt es wohl irgendwann diesen Punkt – eine Schwelle, an der all die kleinen und großen Themen auftauchen, die über die Jahre vielleicht unter den Teppich gekehrt wurden. Es sind Momente, in denen sich vieles entscheidet: Manche Paare schauen gemeinsam hin und nutzen diese Herausforderungen, um noch enger zusammenzuwachsen. Andere lassen die Themen unausgesprochen, leben nebeneinander und verlieren dabei Stück für Stück die Verbindung. Und manche entscheiden sich schließlich, getrennte Wege zu gehen, weil das Schweigen zwischen ihnen zu groß geworden ist.
Diese Augenblicke sind weder gut noch schlecht – sie sind ehrlich und gehören zum Leben. Jeder, der liebt und geliebt hat, kennt diese Momente. Sie sind Prüfsteine, die uns zeigen, wer wir als Paar sind und wie viel Tiefe in der Beziehung noch schlummert. Und manchmal sind sie der Anfang eines neuen Kapitels, wenn wir den Mut haben, hinzusehen und daran zu wachsen.

Ich meldete mich noch bei meinem Kind. Und es war einfach so schön. Sie sagte: „Manchmal gehst du mir ein wenig auf die Nerven, aber jetzt, wo ich dich so lange nicht gehört habe, ich hab dich ganz doll lieb, liebes Muttchen." Ach, mein Herz schmolz dahin. Wie schön es war diese Worte zu hören.

In solchen Momenten wird einem klar, wie stark die Bindung wirklich ist – auch wenn man sich manchmal auf die Nerven geht.

Danach gönnte ich mir noch ein kleines Shopping-Highlight. Ich kaufte mir ein schönes blaues Oberteil für 12 €, was mich in der bunten Markt-Atmosphäre förmlich angelacht hatte. Ein bisschen Farbe für die Seele. Und dann ging es auch schon wieder zurück ins Camp. Das war immer ein kleinerer Aufwand. Der Weg vom Camp zum Boot – 15 bis 20 Minuten durch den dichten Dschungel. Die Bootsfahrt selbst dauerte etwa 30 bis 40 Minuten, je nachdem, wie der Amazonas mit uns spielte. Und das Ganze dann natürlich wieder zurück. Ein Abenteuer für sich.

Auf dem Rückweg kam noch der Transport des Eingekauften dazu. Alles musste irgendwie zurück ins Camp geschleppt werden. Joven hatte zum Glück zwei Helfer dabei und natürlich packte ich auch mit an. Es war ein gemeinsames Buckeln. Dafür gab ich den Helfern 20 Soles – sie machten hier wirklich die harte Arbeit. Die schleppen sich da ab und kein Wort der Beschwerde. Niemals.

Kaum war ich zurück, hieß es erstmal: Duschen und ganz kurz durchschnaufen. Doch lange blieb die Ruhe nicht, denn plötzlich hörte ich aus der Ferne: „Kaaatttiiiiii!" Sie riefen von ihrem Häuschen, das etwa 60-70 Meter von meinem entfernt lag. Es gab Essen! Wieder super lecker – Diesmal gab es frischen Fisch, direkt vom Markt. Es war, als ob der Geschmack des Amazonas selbst auf dem Teller lag.

Um 16:30 Uhr stand der Unterricht wieder an. Es war faszinierend, zu erfahren, wofür es all diese Icaro-Gesänge gab und wie sie Heilung bewirken konnten. Unglaublich, welche Welten sich da öffnen. Ich konnte es kaum fassen, wie tief diese Gesänge wirkten und welche Kraft sie in sich trugen.

Morgen habe ich endlich mal die Möglichkeit auszuschlafen und den Vormittag frei. Ich werde natürlich lernen – was sonst? Denn die nächsten Tage waren schon voll verplant: Es stehen noch drei Ayahuasca-Zeremonien bevor. Joven fragte mich, wann ich meine letzte Zeremonie haben möchte – abends oder morgens? Ich habe mich für morgens entschieden. Also stehen mir jetzt noch zwei morgendliche und eine abendliche Zeremonie bevor. Die Medizin Zarza gab es heute noch – sie läuft morgen aus und danach folgt eine andere. Ich genoss noch das Kerzenlicht beim Meditieren, ließ die Stille des Dschungels auf mich wirken und kurz nach 19 Uhr löschte ich das Licht. Der Dschungel nahm das Wort und ich lauschte seine Geschichten.

Was auch noch wirklich spannend war: Als wir zurückkamen, wunderte ich mich, dass heute so viele dieser schwarzen, größeren Ameisen vor meinem Haus unterwegs waren. Die hatten sich da richtig versammelt, als wenn sie eine Ameisen-Party geplant hatte. An den anderen Tagen waren sie zwar auch schon mal da, aber heute? Heute war es wirklich extrem. Sogar in meiner Hütte und das war bisher noch nie passiert. Und da kam mir der Gedanke: Lag das etwa an der Energie von dem Telefonat? Die Natur hat mir hier schon öfter Zeichen geschickt – das habe ich gelernt. Ob der Ameisenauflauf jetzt eine Art „Warnsignal" war? Vielleicht haben sie die negative Energie von dem Gespräch aufgefangen.

Ameisen sind schließlich dafür bekannt, alles wahrzunehmen, was in ihrer Umgebung passiert. Vielleicht waren sie da, um mir zu zeigen, dass diese schlechten Schwingungen noch irgendwie in der Luft liegen.

Als ob die Natur mir sagen wollte: „Hey, da ist noch was, das im Raum steht." Ameisen als kleine Energie-Detektoren? Wer hätte das gedacht! Aber die Natur hat ihre ganz eigene Weise, uns darauf hinzuweisen, wenn etwas nicht stimmig ist!

Also, was auch immer diese Ameisen da veranstaltet haben – Botschaft verstanden. Die Energie wollte offensichtlich noch geklärt werden und die Ameisen haben mir das auf ihre ganz eigene Kunst mitgeteilt!

Die Nacht der unsichtbaren Wellen

Ich dachte noch: „Oh, wie schön – endlich mal ausschlafen!" Vormittag frei, keinen Wecker, kein Stress." Deshalb beschloss ich, mein Handy mal komplett auszuschalten. Ich gönnte dem Handy auch mal komplette Ruhe und nicht nur den Flugmodus. Eine Nacht ohne Störungen. Doch um 21 Uhr begann die Reise – und zwar auf einer ganz anderen Ebene als bisher.

Ich war gerade im Dämmerschlaf, als es plötzlich los ging. Oh mein Gott. Es war, als ob mich etwas aus dem Schlaf reißen wollte. Als ob mein Körper in eine andere Dimension gezogen wurde. Mir wurde schwindelig – nicht einfach dieses „mir ist ein bisschen flau"-Schwindelig, sondern als ob sich alles in mir drehte, immer und immer wieder, in Wellen, starken Wellen. Meine Arme fühlen sich auf einmal extrem schwer an. Mein ganzer Körper war wie gelähmt und doch gleichzeitig wach. Eine Schwere, die ich nicht beschreiben kann. Es war, als ob mein Körper nicht mehr zu mir gehörte. Als ob ich in einer anderen Welt schwebte, aber gleichzeitig fest am Boden klebte. Schwer und schmerzhaft zugleich.

Diese Wellen kamen und gingen - wie Ebbe und Flut. Als würde mein Körper mit der Energie um mich herumtanzen, aber ich konnte den Rhythmus nicht bestimmen. Es war einfach da – unerbittlich, unkontrollierbar. Immer, wenn ich dachte, es lässt nach, kam die nächste Welle. Die ganze Nacht. Der Schwindel ließ zwar in der Tiefe der Nacht ein wenig nach, aber die Schwere blieb. Eine Last, die ich nicht abwerfen konnte.

Es war, als ob mein Körper sich entschied, auf eine energetische Reise zu gehen, während mein Verstand versuchte, in der Realität zu bleiben. Ich war gefangen zwischen den Welten, ohne klare Trennung zwischen Traum und Wirklichkeit. Jeder Atemzug, jede Bewegung fühlte sich an, als ob ich nicht mehr in meinem eigenen Körper war. Es war unglaublich und doch faszinierend zugleich. Als ob ich mich selbst von außen beobachtete, ohne wirklich Kontrolle zu haben.

Immer wieder kamen diese Wellen, immer wieder die Schwere, die sich auf meinen Körper legte. Ich spürte, dass etwas Großes passierte. Etwas, das ich nicht verstand, aber gleichzeitig war ich nicht bereit, mich dem völlig zu entziehen. Es fühlte sich an wie eine tiefe energetische Reinigung. Als ob mein Körper auf dieser Reise etwas durchmachte, was Worte nicht erklären können. Was immer diese Nacht mit mir gemacht hatte – es war noch nicht zu Ende. Die Reise geht weiter.

Um 5:30 Uhr stand ich auf. Ich musste mich bewegen, musste mich strecken. Mein ganzer Körper verlangte danach, die Muskeln zu spüren, das Blut durch die Adern fließen zu lassen. Es war, als hätte jede Zelle in mir eine neue Lebendigkeit entdeckt. Um 6 Uhr, obwohl es langsam hell wurde, zündete ich mir noch eine Kerze an, um diesen Moment ganz bewusst zu genießen. Die Stille des Morgens, durchbrochen von den lebhaften Naturgeräuschen, das Singen der Vögel, das Summen der Insekten, das Rauschen des Windes – es war wie ein Konzert der Lebendigkeit.

Ich spürte sogar, wie meine Nasenschleimhäute sich erneuerten. Jeder Atemzug ging tiefer, kraftvoller, als hätte ich zum ersten Mal in meinem Leben wirklich geatmet. Es war, als ob die Luft meine Gehörgänge durchdrang. Als könnte ich bis in die tiefsten Ecken meines Körpers fühlen. Alles war reiner, klarer. Es ist schwer, das in Worten zu fassen – so eine Reinigung, die bis ins Innerste ging.

Als ich dann noch einmal in meinem Bett lag, fühlte ich meinen ganzen Körper so intensiv, als ob ich ihn neu entdeckt hätte. Jeder Finger, jede Zehe, meine Knie, meine Zähne – alles fühlte sich anders an, lebendiger. Ich lag da auf dem Rücken, die Arme hinter dem Kopf verschränkt und alles war durchdrungen von einer tiefen inneren Ruhe. Aber es war nicht nur Ruhe, es war ein Bewusstsein, das ich vorher nie gekannt hatte.
So klar...
Ein völlig neues Verständnis von mir selbst und der Welt.

Eine Lebendigkeit, die ich kaum beschreiben kann, die kaum in Worte zu fassen ist. Es war ein Gefühl, das man nicht einfach erlebt – man wird es. Ein unglaubliches, megamäßiges, grandioses, exklusives, fulminantes Gefühl, das alle Erwartungen sprengt. Es ist, als hätten wir nie wirklich verstanden, was es heißt, zu leben. Auch nicht diejenigen, die glauben, bewusst zu leben – sie kratzen nur an der Oberfläche.

Auch heute früh gehörte die Medizin wieder dazu und plötzlich schmeckte sie gar nicht mehr so schrecklich. Was dieser gesamte Mix aus ALLEM hier schon für mich veränderte und wohl noch bereit hält. Es war einfach unglaublich, kraftvoll und unbeschreiblich. Verrückt, wie schnell man sich an etwas gewöhnen kann, das man anfangs kaum runterbekam. Nun, wo es heute Abend mit dem „Zarza" zu Ende geht, hatte ich mich damit arrangiert – vielleicht sogar ein bisschen Freundschaft geschlossen.

Danach genoss ich noch etwas Yoga, vor allem Stretching. Und oh, wie gut das tat! Jede Bewegung floss, als ob mein Körper endlich atmen konnte. Es war ein pures Vergnügen, meinen Muskeln diese Freiheit zu schenken, schnell wie eine sanfte Umarmung nach all den intensiven Erfahrungen der letzten Tage.

Anschließend nahm ich den Besen in die Hand und fegte die Halle. Ging zurück zu meiner Hütte und machte auch dort sauber. Es war, als ob die äußere Reinigung die Innere bestätigt. Diese kleinen, einfachen Handlungen waren so viel mehr – sie waren eine Art Ritual, das meine neue Klarheit widerspiegelte.

Danach folgte eine wohltuende Dusche und meine Morgenpflege. Aber alles in einem völlig neuen Bewusstsein. Mit einer inneren Ruhe und einer Kraft, die ich zuvor nicht gekannt hatte. Es war, als wäre jede Handlung ein Geschenk, eine Bestätigung dessen, was sich tief in mir verändert hatte.

In diesem Moment verstand ich den Satz: „Wer schnell ans Ziel will, sollte langsam gehen", auf eine ganz neue Art. Alles braucht seine Zeit, und genau darin liegt die Kraft.
Und - "das Gras wächst auch nicht schneller, wenn wir daran ziehen!"

Kurz vor dem Frühstück überkam mich dann aber eine Welle von Müdigkeit. Kein Wunder nach dieser Nacht, dachte ich mir. Aber es war bereits 9 Uhr, also Zeit für das Frühstück. Ein frischer Obstteller, der einfach immer wieder fantastisch schmeckte.

Nach dem Frühstück spielte ich noch kurz mit dem Kleinen. Er lachte so herzlich, dass es ansteckend war. Es war einfach putzig, wie er mich anschaute. Mit dieser vertrauten Neugier, als wenn wir schon ewig diese Verbindung hatten.

Zurück in meiner Hütte wusch ich noch schnell erneut meine Wäsche. Danach legte ich mich in die Hängematte. Ich brauchte eine kleine Pause. Und während ich da lag, spürte ich plötzlich, wie das „Zarza" in mir weiterarbeitete. Es war wie eine innere Welle, die durch jede Zelle ging und alles reinigte. Ich musste mich kurz ins Bett legen, so tief ging die Wirkung. Jede Zelle, bis ins Innerste, wurde durchgespült – eine Reinigung, die ich tief körperlich spüren konnte. Es war, als ob mein ganzer Körper bis ins tiefste Innere erneuert wurde - ein Gefühl von tiefer, echter Heilung.

Nachdem ich fleißig weitergeübt hatte – Icaro, Chakapa und die Trommel – spürte ich, wie sich eine tiefe innere Ruhe in mir ausbreitete. Die Sonne auf meiner Haut verstärkte dieses Gefühl. Ich setzte mich noch für ein paar Minuten in ihre wärmenden Strahlen und ließ alles auf mich wirken. Es war, als ob das Licht mich mit Glückseligkeit, Freude, Dankbarkeit und vor allem einem tiefen Vertrauen erfüllte. Um diesen Moment perfekt zu verwirklichen, nahm ich mein Handtuch und ging hinunter zum Fluss.
Das frische Wasser über meinen Kopf und meinen Körper zu gießen, war einfach himmlisch. Jeder Tropfen war wie eine Erneuerung, als ob ich die Energie der Erde selbst in mich aufnehmen würde. Ich war ganz beseelt, erfüllt von einem Gefühl des Friedens. Danach ging es zum Mittagessen – wieder einmal unglaublich lecker. Ein Geschenk für den Gaumen.

Der Kleine wollte natürlich wieder mit mir spielen und das Spiel von heute Morgen hatte er nicht vergessen. Er bestand darauf, es noch einmal zu spielen. Irgendwie nahm ich das als großes Kompliment, denn Kinder sind ja bekanntlich gnadenlos ehrlich. Wenn sie jemandem nicht mögen, zeigen sie das sofort. Aber hier? Er strahlte und seine Begeisterung war ansteckend.

Nach dem Essen gönnte ich mir noch etwas Zeit in meiner Hängematte. Ich ließ die Ereignisse des Tages und der vergangenen Tage durch meinen Kopf ziehen. Es kam mir der Gedanke: „Wenn die Menschen wirklich verstehen würden, dass der wichtigste Weg ist, an sich und mit sich zu arbeiten... um wahres, tiefes Glück zu spüren, um sich und das Leben wirklich zu erleben – dann wäre alles" so anders. Viele Menschen leben im Außen, getrennt von ihrem Inneren. Sie betäuben sich, anstatt die echte Lebendigkeit zu spüren." Ich fragte mich, ob es je wieder eine Zeit geben wird, in der sich die Menschen daran erinnern.

Plötzlich fing es an, ganz kräftig zu donnern. Der Himmel kündigte etwas an und so bewegte ich mich noch einmal in der Halle und startete ein kleines Workout. Mein Gott, habe ich geschwitzt! Obwohl ich alles langsam und bedacht durchführte, spürte ich, wie die Hitze mich einhüllte. Es regnete ein wenig, aber die Luft war immer noch warm, sehr warm.
Ich ging noch eine kleine Runde, nicht weit, aber ein wenig Bewegung. Es tat gut, selbst die paar Schritte. Auf dem Weg fand ich vor unserer Halle einen toten Vogel – er hatte einen großen gelb-schwarzen Schnabel. Eigentlich ein tolles schönes Tier.

Ich trommelte noch ein wenig und merkte, wie es allmählich wieder schummrig wurde. Es war schon wieder 17:30 Uhr.
Ein paar Minuten schaukelte ich noch in meiner Hängematte hin und her. Voller Glück, ganz auf einer neuen Frequenzebene.

Alles fühlte sich so tief und friedlich an. Dann bereitete ich alles für den Abend vor, denn die Dunkelheit brach schon wieder herein. Ich holte meine letzte Portion der Medizin Zarza und trank sie ganz bewusst. Dankbar für alles, was dieser Prozess mir geschenkt hatte.

Nach einer erfrischenden Dusche genoss ich noch das Kerzenlicht und die absolute Stille. Es war ein Moment der Vollendung, in dem die Welt für einen Augenblick stillzustehen schien.

Zwischen Traum und Realität

Meine Güte, was war das denn wieder für eine Nacht? So unruhig, so durcheinander – ich wühlte mich hin und her, als wäre mein Bett eine Arena voller Kämpfe. Das erste Mal als ich erwachte, war es gerade mal 21:45 Uhr. Dann wieder um 1:15 Uhr und da kämpfe ich nicht nur mit meinen Gedanken, sondern auch mit meinen Moskitostichen. Alle Mittel, die ich dabei hatte, schmierte ich großzügig auf meine Haut. Als wäre ich in einem Krieg gegen unsichtbare Feinde.

Und die Träume? Ein völliges Chaos. Ein Wirrwarr, das hat mich fast wahnsinnig gemacht.

Mein Mann und ich trennten uns wieder – dann doch nicht, weil wir plötzlich zusammen auf einer riesigen Feier waren. In dem Hotel, das wir mal kaufen wollten. Das hat aber zum Glück nie geklappt. In der Ecke stand so ein Typ, der mich unheimlich anstarrte, als ich mir etwas zu essen bestellen wollte. Ich spürte seinen Blick, und dann sagte er zu mir: „Du musst auf eigenen Beinen stehen, du musst dein Licht zeigen... lass dich nicht mehr ausnutzen... vertraue auf deine Stärke."

Verblüfft fragte ich ihn, wie ich das anstellen soll, wenn ich nicht mal ein Startgeld habe. Doch noch bevor er antworten konnte – war er weg. Einfach verschwunden. Ich blieb verwirrt zurück.

Dann waren wir plötzlich in einer Gruppe unterwegs. Es sollte eigentlich eine Fahrradtour werden, doch wir gingen stattdessen eine Straße entlang. Es fühlte sich an, als wären wir auf der Stadtautobahn von Warnemünde. Völlig crazy alles. Und dann geschah es: Ein Autounfall mit einem E-Auto. Ich sah den Ersthelfer – den kannte ich sogar – und plötzlich brannte das Auto und sein rechter Arm. Er hatte nur helfen wollen. Ich stürmte hinzu, griff nach einem Feuerlöscher und löschte den brennenden Arm. Es war das totale Chaos in meinen heutigen Träumen.

Auf die Natur war Verlass: Pünktlich um 5:45 Uhr das morgendliches Konzert der Grillen. Ich öffne alles – die Vorhänge weg, das Moskitonetz nach hinten. Ich bearbeitete meine Stiche mit Aloe Vera, in der Hoffnung, dass wenigstens das ein bisschen Ruhe bringt. Um 6:30 Uhr kam Joven zur kurzen Absprache. Heute geht es um 8 Uhr los. Ich nutzte die Zeit, um mich in der Halle zu strecken, damit mein Körper sich nach dieser chaotischen Nacht etwas sortieren konnte.

Heute war eine Pause mit der Medizin angesagt, aber morgen ging es mit Catahua weiter. Joven erzählte mir noch, dass er ein neues Grundstück für ein weiteres Camp bekommen hat, weil sein Großvater gestorben ist und das gestern alles geklärt wurde. Es war wohl ein Ort mit sehr guter Energie. Natürlich braucht er Geld, um alles aufzubauen. Denn die letzten vier Jahre mit diesem Weltwahnsinn, dieser ungereimten Pandemie, haben auch hier viel Elend hinterlassen. Ich spürte so tief in mir, wie gerne ich eine größere Summe geben würde, wenn es mir möglich wäre.

Der Weg der Veränderung

Ja, mein eigener ganzer Prozess hier zeigte mir - ein Veränderungsprozess ist immer ein Weg. Viele Menschen haben vergessen, dass dieser Weg Zeit braucht. Alle wollen immer alles sofort erledigt haben, alles sofort verändern – und geben dann meistens auf, wenn es nicht direkt und gleich funktioniert. Auch ich hatte hier im Camp Momente, in denen ich dachte: „Oh nein, geht es jetzt wieder rückwärts?" Doch genau das ist normal. Rückschritte gehören dazu. Man muss einfach dranbleiben und weitermachen. Ja, es kostet Kraft, Energie und Zeit, aber es lohnt sich. Die meisten Menschen investieren jedoch nicht in sich selbst. Es heißt ja auch - erst investieren, dann kassieren. Und ein Bauer sät ja auch erst und dann erntet er.

Wie wäre es denn, wenn wir zu einem bestimmten Zeitpunkt im Leben einfach „fertig" wären? Das ist doch unvorstellbar. Leben heißt Veränderung. Jeder Tag bringt uns etwas Neues und wer glaubt, dass er irgendwann angekommen ist, verpasst die wahre Reise.

Heute früh gab es wieder diesen leckeren Obstteller und während ich so aß, spürte ich, dass jetzt der nächste Schritt kommt. Ich war gespannt, was es ist, wie es sich zeigen würde und wie ich es „abarbeiten" konnte. Drei Zeremonien habe ich noch vor mir, plus die Medizin Catahua.

Auch wenn ich etwas müde war, um 9 Uhr ging es los: Catahua kochen. Draußen auf der Feuerstelle wurde die Baumrinde gekocht. Joven hackte die Rinde mit seiner Machete klein und neugierig wie ich bin, nahm ich sie einfach in die Hand, um sie zu fühlen und zu riechen. Doch ich sollte sofort die Hände waschen – die Rinde ist giftig, wenn sie roh ist. Joven warnte mich, dass ich extremen Ausschlag bekommen könnte, wenn ich damit zu lange in Berührung bleibe.

Catahua kochen

2,5 Stunden

Na großartig, dachte ich und das soll ich dann trinken? Aber ich vertraute darauf, dass er wusste, was er tat – schließlich hatte er das bestimmt schon oft gemacht. Ein kleiner Scherz in meinen Gedanken.

Während die Rinde für etwa 2 bis 2,5 Stunden auf der Feuerstelle köchelte – ohne überzukochen, damit die Giftstoffe herausgekocht wurden – saßen wir zusammen und unterhielten uns. Gleichzeitig waren wir damit beschäftigt, diese Biester von Tabanos, diese beißenden Fliegen, wegzujagen. Es ist schon etwas nervig und lässtig.

In der Nähe stand ein Coca-Baum und Joven bat mich, 25 Blätter zu sammeln, um daraus Tee zu machen. Nur hatte ich es falsch verstanden und sammelte diese kleinen Früchte, die der Baum trug. Kleiner Anfängerfehler. Der Coca-Baum ist unglaublich – er fördert die Blutzirkulation und hilft gegen alle Arten von Schmerzen. Wirklich faszinierend, wie die Natur hier einfach alles bereithält.

Dann war unsere „Catahua-Brühe" fertig. Und ich war völlig zerbissen von diesen Biestern. Zeit für eine Dusche! Nach dem Duschen war ich etwas erschöpft und gönnte mir eine kurze Pause. Der ganze Prozess, das Kochen, das Warten, das Abwehren der Fliegen – irgendwie war ich plötzlich ko.

Es fühlte sich heute alles irgendwie komisch an. Kein echtes Tief, aber eine gewisse innere Unruhe von der unruhigen Nacht, die noch nachhing. Meine Gedanken konnten ich nicht zu Ende fassen, alles schien irgendwie unklar. Nicht richtig traurig, nicht richtig glücklich – einfach so eine „ist mir egal"-Stimmung.

Eine Nacht im Trubel von Tamshiyacu

Beim Mittagessen – wie immer mega lecker – gab es plötzlich eine spontane Planänderung. Seit gestern hatte im Dorf Tamshiyacu das große einwöchige Jahresfest begonnen und heute sollte die Miss-Wahl stattfinden.

Eine echte Attraktion! Die Frage war: Fahren wir ins Dorf? Na klar!

Wenn ich schon zu so einer besonderen Zeit hier bin, dann sollte ich das miterleben. Natürlich war es schade, dass ich selbst nicht an der Miss-Wahl teilnehmen konnte – hatte ja kein Kleid dabei. Spaß beiseite!

Um 16 Uhr ging es dann los. Wir würden über Nacht bleiben und nächsten Morgen früh zurückfahren. In der kurzen Pause vor der Abfahrt fragte ich mich, wo werde ich schlafen? Wahrscheinlich wieder in dem kleinen Hostel, wie in meiner ersten Nacht im Dorf.

Bevor es losging, wusste ich irgendwie wieder, dass ich den Motor mit zum Boot hinuntertragen werde. Wow, das war wieder ein echter Kraftakt. Aber durch meine langjährige sportliche Laufbahn wusste ich: einfach machen, durchziehen und irgendwie schafft man's. Die steilen Treppen hinunter zum Boot waren allerdings kein Zuckerschlecken. Aber gut... und dann...geschafft. Der Motor startete und das Boot setzte sich über den Amazonas fort.

Im Dorf angekommen, ging es zuerst ins Hostel. Mein Zimmer war okay, nicht luxuriös, aber das spielte ja auch keine Rolle. Erstmal duschen, das war das Wichtigste. Um 19 Uhr trafen wir uns dann, um gemeinsam Richtung Boulevard zu gehen. Und wow – was für eine Stimmung! Überall Menschen, von Babys bis zu Greisen, alle zusammen. Es war ein unglaubliches MIteinander, das ich so, in dieser Form, selten erlebt habe. Für mich fühlte es sich, nach den stillen Tagen im Camp, noch intensiver an. Diese Menschenmassen, die Geräusche, die Musik – als ob jede Sinneswahrnehmung aufgedreht war. Die Miss-Wahl war ein riesiges Event. Das hätte ich nie erwartet. Mister Univers war sogar in der Jury, zusammen mit drei weiteren Miss-Gewinnerinnen. Alle natürlich sehr jung und herausgeputzt.

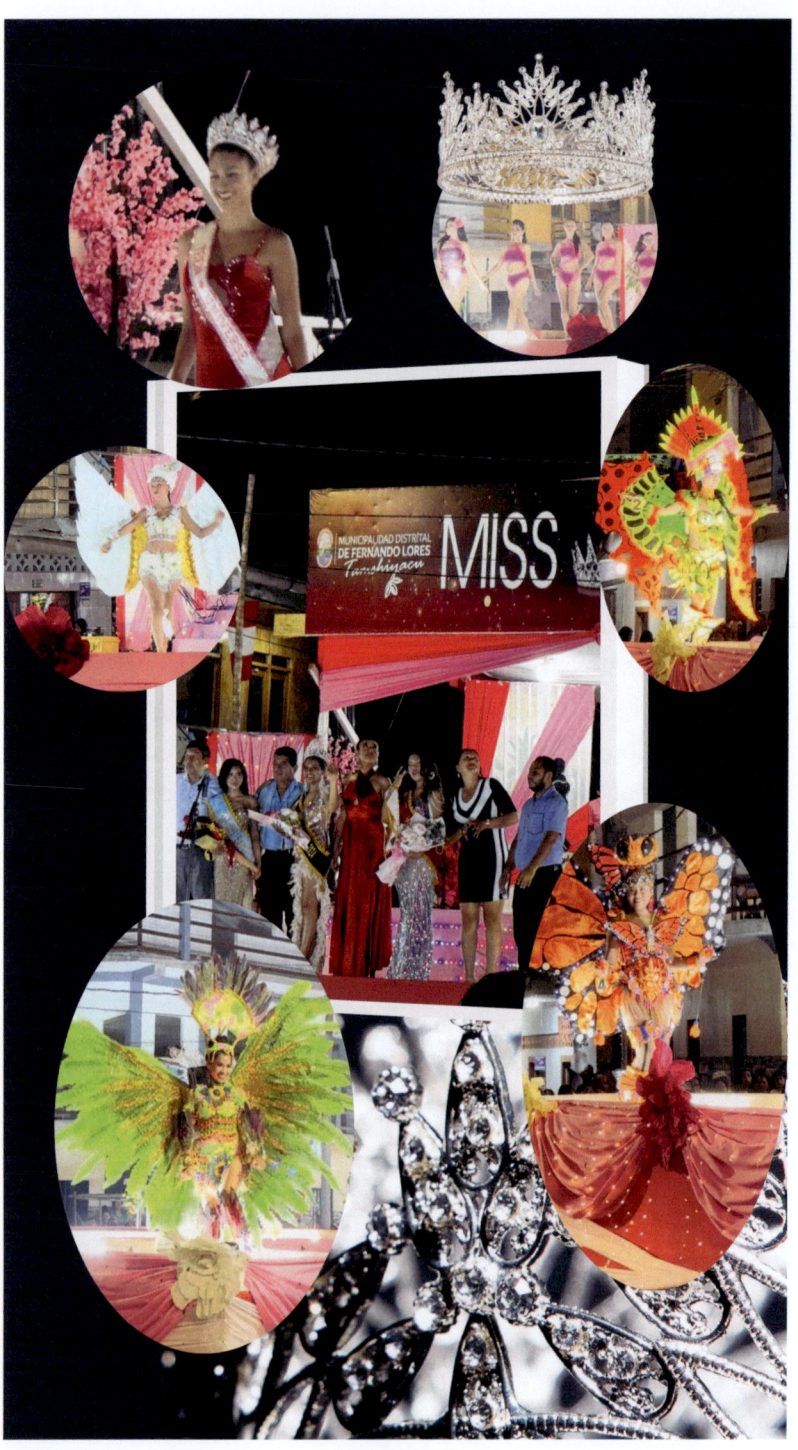

Zwischendurch konnte ich irgendwann einfach nicht mehr stehen. Mein Rücken tat so weh. Ich hatte nun schon weit über vier Stunden gestanden. Aber das Feuerwerk am Ende des Abends entschädigte mich – es war großartig, so bunt und leuchtend, dass ich gar nicht glauben konnte, in einem kleinen Dorf in Peru zu sein.

Weit nach Mitternacht fiel ich völlig ko ins Bett. Erschöpft, aber voller Staunen, was hier in diesem Dorf auf die Beine gestellt wurde. Und ich, genau zu dieser Zeit, hier – was für ein wunderbares Glück.

Die Nacht war kurz und ich habe mich fast halb tot gejuckt. Die Bisse dieser Biester – der Tabanos – machten mir heute Nacht echt zu schaffen. Ich konnte kaum noch liegen, denn überall brannte und juckte es. Um 4 Uhr morgens hörte ich dann plötzlich die laute Stimme eines älteren Mannes, der irgendetwas auf Spanisch rief und dabei die Musik aufdrehte. Das war's dann endgültig mit Schlaf.

Um 5 Uhr gab ich auf, stand auf und sprang unter die Dusche. So war ich schon wenigstens startklar und warte nur noch auf das Signal, dass es zurück ins Camp geht. Doch um 7 Uhr war immer noch nichts. Also folgte ich meinem Impuls und ging einfach raus, auf der Suche nach einem superkräftigen Antimoskitospray. Dazu kaufte ich noch ein paar von diesen Antimoskito-Spiralen, die ich bereits im Camp benutzt hatte. Ich hatte nur noch einen Rest und die, die Rocio mir am Anfang gab, waren goldwert. Ich war bisher etwas sparsam damit umgegangen, aber jetzt wollte ich voll ausgerüstet zurück ins Camp.

Um 7:30 Uhr ging ich dann zum Haus von Joven. Sie waren fertig mit packen, und endlich waren wir alle startklar. Bevor es losgeht, machen wir noch einen kleinen Abstecher zum Markt, um frisches Obst zu kaufen – nie über diese frischen, saftigen Früchte.

Im Camp angekommen, bekam ich nun meine neue Medizin: Catahua. Bevor ich sie trinke, sollte ich mir vorstellen, wobei sie mich unterstützen soll. Nun, das bleibt erstmal mein Geheimnis – jedenfalls auf allen Ebenen meines Seins. Natürlich immer zum Wohle aller, so viel sei gesagt.

Heute sollte ich mich auch komplett ohne Seife waschen, obwohl ich eine Naturseife dabei hatte.

Zum Frühstück gab es einen köstlichen Früchteteller: Anona, diese unglaublich schmackhafte Frucht, die man leider nur hier im Regenwald bekommt. Ein echtes Erlebnis für die Sinne. Ein bisschen wie eine süße, saftige Überraschung, die man nur hier erleben kann.
Taperiba – ebenfalls eine Entdeckung für meinen Gaumen – und die vertraute Grapefruit. Es war, als ob die Früchte direkt aus dem Herzen des Dschungels kamen, so frisch und lebendig schmecken sie. Dazu ein Coca-Tee – einfach perfekt.

Da ich mir in der Nacht den rechten Fuß von den Bissen der Tabanos ziemlich heftig aufgescheuert hatte,
brannten die Stelle dazu heute besonders stark.
Zum Glück bekam ich ein Mittel
Namens „Sangre de Grado" –
sieht aus wie Jod,
nur dunkler, aber es ist natürlich rein pflanzlich
und keine Chemie. Die Natur hat hier für alles eine Lösung.

Ausruhen war angesagt und um 13 Uhr ging es dann in der Halle weiter. Ich war so erschöpft, dass ich tatsächlich nochmal weg ratzte. Um 12:50 Uhr musste ich mich regelmäßig aus dem Bett quälen, aber ich schaffte es.

Heute erhielt ich einen weiteren Icaro und wieder war ich erstaunt, wie gut hier alles funktioniert – die Heilung, die Arbeit. Auch wenn ich es ahnte, da ich mich schon viele Jahre mit solchen Themen beschäftigte, ist es etwas völlig anderes, es selbst zu erleben.

Das Mittagessen gab es heute später, passend zum späteren Frühstück und danach übermannte mich erneut die Müdigkeit. Ich konnte kaum die Augen offenhalten. Also verweilte ich in der Hängematte, ließ mich einfach tragen und nickte wieder ein. Als ich aufwachte, spürte ich meinen Körper arbeiten. Mein Zeh pochte noch schmerzhaft, aber gleichzeitig empfand ich diese großartige Stille um mich herum. Der Kontrast zum gestrigen Trubel im Dorf war enorm und ich genoss jeden Moment der Ruhe.

Ich wollte eigentlich noch üben und ein paar Stretching-Übungen machen, aber ich konnte mich einfach nicht aufraffen. Dieser Moment, sich getragen zu fühlen, war zu schön, zu tief, um ihn zu unterbrechen.

Schließlich raffte ich mich irgendwann doch auf: Ein paar Runden um die Halle, dann Stretching und anschließend eine Gehmeditation. Alles ganz langsam und bewusst. Und plötzlich, mitten in meiner Gehmeditation, hörte ich ein merkwürdiges Geräusch. Es war fremd, seltsam und so fand ich mich schneller in meiner Hütte wieder, als ich geplant hatte. Sicherheitshalber, man weiß ja nie.

Um 18 Uhr holte ich meine Medizin, setzte mich auf die Treppe vor meinem Haus und dachte nach – klare Gedanken darüber, was die Medizin für mich bewirken sollte.

Danach baute ich mein Bett mit dem Moskitonetz und meditierte noch eine Weile. Und so ging auch dieser Tag zu Ende, ruhig, friedlich, mit einem tiefen Gefühl von Dankbarkeit.

Die Magie der Zahlen, stürmische Nacht, Tiefenentspannung und die nächste Zeremonie

Als ich wach wurde, war es erst 21:12 Uhr. Schon wieder diese magische Zahlenkombination! Ich musste lächeln, denn hier im Camp schienen sich diese Zahlen noch einmal mehr zu zeigen als sonst schon in meinem Leben. Was wollten sie mir wohl sagen?

Ich dachte kurz, es wäre schon viel später, denn in der Nacht hatte es heftig geregt. Das Prasseln auf meinem Dach war laut und intensiv, schnell wie eine Trommel der Natur. Blitze zuckten am Himmel, doch kein Donner folgte. Nur das Knacken der Äste, die zu Boden fielen, waren zu hören. Diese wilden Naturgeräusche hatten etwas Beruhigendes, eine raue Melodie, die mich wieder in den Schlaf wiegte.

Diese Nacht war durchzogen von der Magie der Zahlen und der intensiven Natur, die mich in ihren Bann zog. Als ob sie mir etwas zuflüstern wollte, was nur im Zwielicht zwischen Schlaf und Wachen offenbart wird. Ich schlief unglaublich tief und tauchte in klare, lebendige Träume ein.

Einer davon führte mich erneut zu meinen ZENERGY DAYS. Wir waren am Strand – ein sonniger Tag voller Energie. Doch dann hielt ich kurz inne: „Dezember? Kühlungsborn? Sonnenbaden? Das passt doch nicht zusammen!" Aber Träume folgen ihrer eigenen Logik, zeigen uns vielleicht Dinge, die das Bewusstsein noch nicht ganz versteht.

So fühlt sich erholter Schlaf an – ganz tief entspannt, der Körper regeneriert sich und doch bleibt der Geist klar im Träumen.

Heute Morgen kam Joven mit meiner Medizin zu mir. Er lächelte und meinte: „Ja, so erholt und entspannt fühlt sich der Körper." Das sei ein großartiges Zeichen, sagte er. Ich spürte es auch – diese tiefe, innere Ruhe.

Bevor ich mein Glas mit der Medizin trank, stellte ich mir natürlich wieder klare Bilder vor, was sie bewirken soll. Es ist immer dieser Moment, dieser Augenblick des Bewusstseins, in dem ich mich völlig auf mich konzentrierte.

Ich zündete eine Kerze an und genoss einfach die Stille und die Naturgeräusche, die mich umgaben. Es war, als ob die ganze Welt stillstehen würde. Nach der Medizin ging ich in die Halle und genoss meine extrem langsamen Übungen. Schnelligkeit? Keine Chance. Ich wollte gar nicht schnell – es fühlte sich richtig an, die Bewegungen mit Bedacht und in völliger Achtsamkeit auszuführen.

Heute war Neumond und das bedeutete für mich natürlich: Neumond-Meditation. Eine Zeit des Neubeginns, der inneren Einkehr und der klaren Ausrichtung.
Zurück von der Halle, stellte ich fest: Kein Wasser zum duschen. Ach, der Dschungel hält immer Überraschungen bereit!
Ich ging zu Rocio, die sich gleich an die Arbeit machte und nach einigem Schrauben und Drehen den Motor wieder anwarf. Und voilà, das Wasser floss wieder. Während der Motor lief, konnte ich auch gleich mein Handy aufladen – man muss die Gelegenheiten nutzen. Die Fotos, Videos und mein Voicerecorder benötigen ein volles Akku.
Zum Frühstück gab es wieder diese köstlichen Früchte, die mich förmlich dahin schmelzen ließen. Anona, Taperiba, Grapefruit – jede Frucht ein wahres Geschenk der Natur.
Der Helfer kam noch dazu und wir saßen alle gemeinsam in der Küche. Es war so vertraut, so schön, auch wenn ich nichts verstand. Die Atmosphäre war voller Herzlichkeit und Verbundenheit, als wäre ich ein Teil dieser kleinen Gemeinschaft geworden. Heute wurde auch meine Trommel erneut bearbeitet und bespannt. Ein riesiger Aufwand, das Leder richtig zu spannen und die Schnüre in Position zu bringen.

1,5 Stunden Arbeit – aber es lohnte sich, sie nahm weiter immer mehr Form an.

Meine zerkratzten und zerstochenen Stellen am Fuß betupfte ich noch einmal mit dem Naturmittel - Sangre de Grada. Momentan laufe ich in meiner Sandale, bei der die Zehen oben liegen und nur am Fußgelenk festgemacht sind. Flip-Flops? Zur Zeit keine Chance!

Nach dieser produktiven Phase gönnte ich mir eine Pause in der Hängematte. Ich döste ein, mit wunderbaren Gedanken und inneren Bildern. Joven kam noch kurz mit dem Kleinen vorbei und erzählte mir, dass eine Frau in der Halle Schmuck verkauft – Ketten und Armbänder.
Also ging ich hinüber und kaufte mir etwas - eines davon für besonderen Schutz und Glück.
Zum Lunch gab es heute die Frucht Taperiba als erfrischendes Getränk, verdünnt mit Wasser – ein Gaumenschmaus im Vergleich zu Wasser pur. Ich war schnell satt und wieder so unglaublich müde, dass ich bis 16 Uhr die Pause für Ruhe und Akklimatisierung nutze. Die innere Uhr hier ist wirklich faszinierend – sie weckte mich kurz vor 16 Uhr, sodass ich noch genügend Zeit hatte, klar zu werden und mich auf den Unterricht vorzubereiten.
„Mit der Medizin Catahua fährt der Körper tief herunter", erklärte mir Joven in ruhigem Ton. „Das gehört zur Tiefenreinigung. Es ist ein Prozess, der dem Körper erlaubt, in die Tiefe vorzudringen und die Energie-Schichten von Grund auf neu aufzubauen."
Diese Worte beruhigten mich. Der Gedanke, dass diese ungewöhnliche Müdigkeit – dieses Bedürfnis nach scheinbar endlosem Schlaf – Teil eines natürlichen, reinigenden Prozesses war, gab mir die Zuversicht, mich dem hinzugeben.

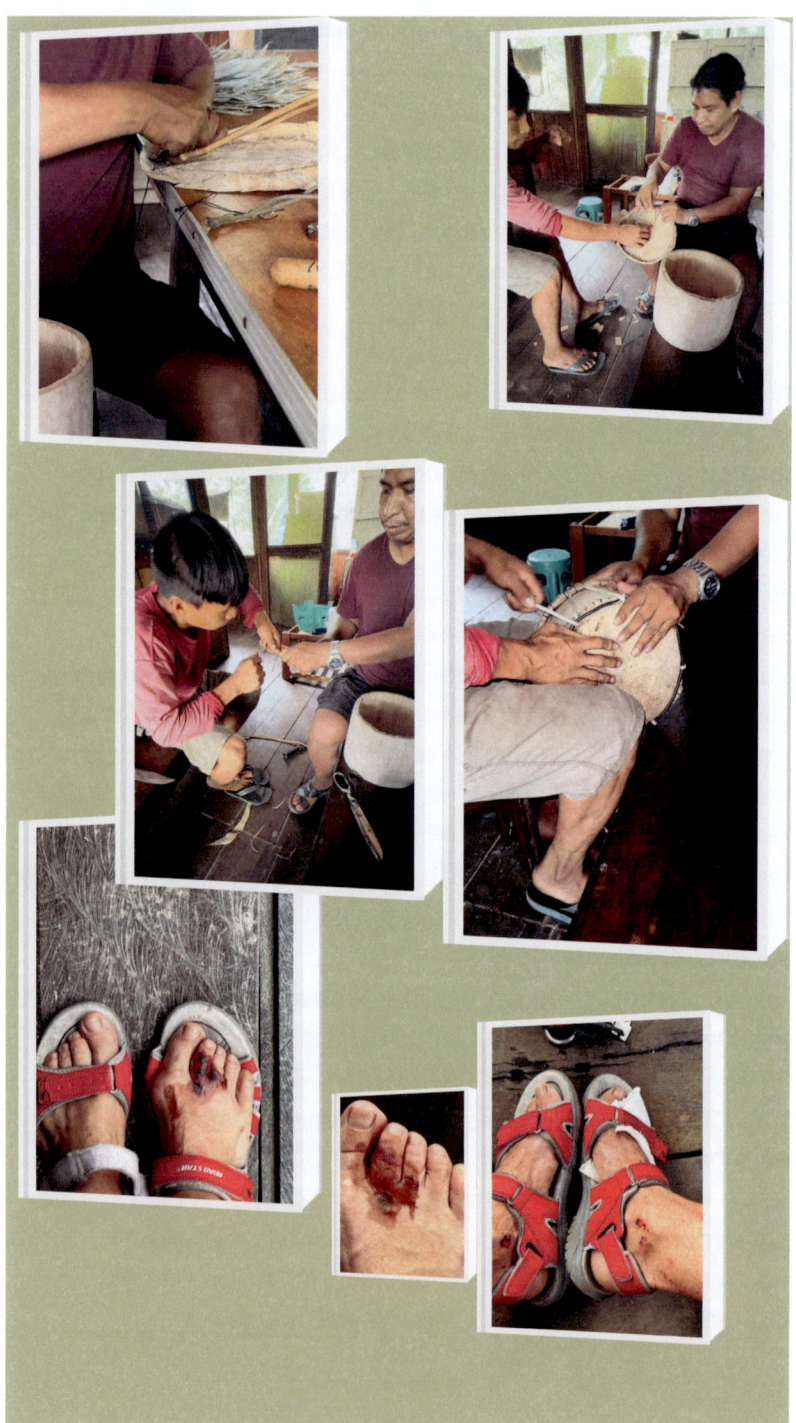

Joven erzählte mir weiter im Unterricht, dass es Menschen gibt, die hierherkommen, weil sie krank oder sogar sehr krank sind. Manchmal verbringen sie viele Tage hier nur damit, zu schlafen – bevor sie überhaupt beginnen können, an ihrer Heilung zu arbeiten. Das zeigt, wie wichtig es ist, die Energie, den Körper und den Geist zu reinigen und in Balance zu bringen, um in die wahre Heilung zu kommen. Ja, die gesunde Balance zwischen Anspannung und Entspannung. Das ist ein ganz wichtiger Aspekt im Leben.

18 Uhr, mein Gläschen Medizin. Heute war es der Zweite von fünf Tagen mit dieser Mischung.
Um 19 Uhr stand die nächste Ayahuasca-Zeremonie an. Ich zog mein weißes Kleid an – abends ist es wärmer als morgens, da fühlte es sich angenehmer an. Das weiße Kleid gab mir immer ein Gefühl der Reinheit und Vorbereitung.
Dann machte ich mich auf den Weg zur Halle. Was würde mich heute Abend erwarten? Eine Mischung aus Respekt, Vorfreude und tiefem Wissen begleitet mich. Ich vertraute darauf, dass alles so kommt, wie es für mich perfekt ist und sein soll. Diese Zeremonien sind wie Reisen ins Unbekannte und doch weiß man tief in sich, dass sie einen immer dorthin führen, wo man hin muss. Der Weg zur Halle im Dunkeln war immer wieder aufregend. Es waren zwar nur ein paar Meter, doch es hatte etwas von einem kleinen Abenteuer. Die Nacht um mich herum, das leise Summen und Rascheln des Dschungels – es fühlte sich an, als ob die Natur mich auf diesem Pfad begleitete. Jede Bewegung, jedes Geräusch erinnerte mich daran, wie lebendig alles um mich herum war.

Die Abend Zeremonie – Hammer, Meißel und ein Presslufthammer

Es war meine letzte Abendzeremonie und als ich den Ayahuasca-Trank zu mir nahm, schüttelte es mich erneut und heftig. Ich hatte immer noch Respekt vor der Wirkung, doch gleichzeitig spürte ich eine tiefe innere Ruhe und Entspannung. Wann würde es losgehen? Hatte ich heute vielleicht doch zu wenig bekommen?

Joven begann wieder mit seinen Gesängen und fragte mich nach einer Weile: „Wie geht es dir, Kati?" Ich antwortete nur: „Soweit gut. Es ist okay." Aber in meinem Kopf herrscht Chaos – unzählige Gedanken, die hin- und herspringen, dazu leichte Kopfschmerzen.

Anfänglich dachte ich ans Golfspielen. Ja, das mache ich wirklich sehr gerne. Schade, dass ich es so selten tue und es immer von meinem Mann abhängig gemacht habe. Allein spielen geht, aber gemeinsam macht es einfach mehr Spaß. In meiner Vision sah ich, wie ich perfekte Abschläge machte – ruhig, voller Leichtigkeit und Fokus. Auch wenn ich tatsächlich real spielend, super Abschläge schaffe, hier war es noch eine andere Form des Spielens. Die Bälle flogen weit, mein Heimatplatz in Wittenbeck erschien vor mir, wunderschön wie immer. Es fühlte sich so leicht an und ich erinnerte mich daran, wie wichtig es ist, Dinge zu tun, die man wirklich liebt.

Doch dann fingen die Bälle plötzlich an, nur nach oben zu fliegen. Ich dachte: „Was soll das jetzt?" Die Gedanken sprangen wieder wild hin und her und ich spürte meinen Kopf. Ich wusste, dass dies heute ein Thema werden würde.

Kurz sah ich meinen Cousin, der leider schon vor vielen Jahren verstorben ist.

Dann hörte ich wieder die Icaro-Gesänge und die Trommel.

Plötzlich neigte ich meinen Kopf nach vorne und es fühlte sich an, als würde jemand mit Hammer und Meißel tief im Inneren meines Kopfes arbeiten – wie ein präzises, kraftvolles Aufbrechen all dessen, was sich dort festgesetzt hatte. Besser gesagt ich bin es ja. Alles Alte, nicht mehr Nützliche, falsche Erinnerungen, all der „Kalk" und Ballast, der sich über die Jahre angesammelt hatte, wurde weggehämmert.

Ah, daher die Kopfschmerzen vorher. Mein Körper hatte schon gewusst, was kommen würde. Ich schüttelte meinen Kopf immer wieder aus, nach jedem „Hammerschlag". Das Handtuch, was ich auf meinem Schoß vor dem Zeremonie-Beginn platzierte, schüttelte ich symbolisch aus. Als ob ich die gelösten Stücke wegwerfen würde. Links kam ich gut voran, aber auf der rechten Seite war es hartnäckiger.

Dann kam plötzlich ein Presslufthammer ins Spiel. Er löste noch tiefere Schichten und ich konnte mich mit Leichtigkeit im tiefsten Winkel meines Kopfes vorarbeiten. Jeder blockierende Gedanke, jede alte hemmende Erinnerung wurde zerkleinert und von einer Absaugmaschine weggesogen. Was für ein geniales Werkzeug mir da gezeigt wurde! Ich war begeistert.

Wieder einen Schritt weiter auf meinem Weg vom Kontrolleur zum Manager meines Lebens. Ein tiefes Gefühl von Dankbarkeit und Freude durchströmte mich.

Plötzlich stehe ich auf einer Vibrationsplatte. Erst lag ich drauf, dann stand ich – und die Vibrationen durchrüttelten meinen ganzen Körper. Alles Alte, Unbrauchbare wurde förmlich aus jeder Zelle herausgeschüttelt. Selbst die tiefsten Schichten schienen sich zu reinigen, als ob mein Körper jede Blockade und jeden Rest von Ballast einfach abschüttelte.

Die Gesänge und das Trommeln begleiteten mich weiterhin.

Dann tauchte plötzlich ein Bild auf: Ich war wieder ein Kind, in meiner "normalen" Schulklasse, nach der Sportschule. Eine tief verwurzelte Erinnerung, die sich langsam auflöste.

Was für eine Sitzung. Ayahuasca sei Dank. Nach mehr als 2,5 Stunden war meine Reise zu Ende. Um 21:51 Uhr genoss ich noch kurz das flackernde Kerzenlicht und ließ diesen großartigen Moment ausklingen, bevor ich mich in den Nachtschlaf verabschiedete.

Geschlafen habe ich so lala, zwischen Tiefschlaf und Wachsein, nicht ganz erholsam, aber auch nicht schlecht.

Kurz nach 5 Uhr öffnete ich die Gardinen und vor mir lag der Regenwald – wie eine lebendige Kulisse, die mich willkommen hieß. Ich Mittendrin. Die Bäume schienen im ersten Licht des Morgens zu flüstern, als ob der Wald mir freundlich die Hand reichte. Es war ein Augenblick voller Stille, eine friedliche Einladung in den neuen Tag, als ob die Natur selbst mich umarmte und flüsterte: „Alles ist gut."

Ich schrieb den Icaro-Gesang von gestern noch einmal ordentlich auf, denn es war ein wenig durcheinander geraten. Für Menschen allgemein, für das Zuhause, fürs Business – jeder Bereich schien eine eigene Energie zu haben, die durch den Gesang erweckt wurde.

6:30 Uhr – mein Lieferservice kam. Joven, der Medizinmann, steht mit meiner täglichen Medizin vor der Tür. Ich nahm sie wieder bewusst und sitzend an der Bettkante ein. Schloss kurz meine Augen und ließ den Moment auf mich wirken. Eine kurze Meditation, die den Tag einleitete.

Danach ging ich rüber in die Halle, um die Überbleibsel der gestrigen Abendzeremonie aufzuräumen. Alles hatte sich gelegt, aber ich spürte noch die Energie des Abends.

Ein intensives, aber ruhiges Stretching folgte nach dem Aufräumen – mein Körper verlangte förmlich nach dieser Bewegung.

Ich ging anschließend noch eine kleine Runde um die Halle und entdeckte plötzlich eine klitzekleine Lichtung, die mir vorher nie aufgefallen war. Es war, als ob sie sich heute erst offenbart hätte. Die Energie dort war so klar, so ruhig, dass ich spontan eine kurze Energiemeditation durchführte, die wie eine erfrischende Dusche auf mich wirkte.

Mein Körper fühlte sich gut an, aber im Kopf ging es auf und ab. So ein merkwürdiges Waschmaschinengefühl und das ganz ohne morgendliche Ayahuasca. Beim Frühstück unterhielt ich mich mit Rocio dank Translater. Es war sehr schön. Joven war nicht da, und der Kleine kam immer wieder zu mir. Er ist echt putzig – so schlau und aufgeweckt. Für seine zwei Jahre ist er erstaunlich weit entwickelt, viel bewusster, als man es von Kindern in seinem Alter erwarten würde. Es war irgendwie faszinierend, wie sehr er mich anzog und wie neugierig er auf mich war.

Rocio sagte dann etwas, das mich berührte: „In einer Woche bist du wieder zu Hause, aber es wird nicht mehr die alte Kati sein." Es klang etwas melancholisch, als hätte sie selbst ein bisschen Wehmut in der Stimme. Die Worte hallten in mir nach und ich empfand es so unwirklich – als ob eine Ära zu Ende gehen würde. Eine, die ich noch nicht ganz loslassen wollte. Ich bin noch hier im Camp - so voll und ganz!

Nach dem Frühstück wusch ich noch kurz Wäsche, doch dann überkam mich plötzlich so eine enorme Müdigkeit, dass ich förmlich in die Hängematte fiel. Es war, als ob mein Körper die Kontrolle übernahm und mich in den Tiefschlaf zog. Plötzlich wachte ich auf, weil mein Kiefer laut knackte, als ob sich irgendetwas einrängte. Es war seltsam, fast unheimlich, aber ich war noch zu erschöpft, um aufzustehen. Also schloss ich die Augen und schlief erneut ein. Bis 12:15 Uhr habe ich richtig durchgeratzt und als ich mich langsam hochrappelte, war es schon ziemlich warm.

Heute war es besonders drückend. Um 12:45 Uhr hörte ich auf einmal ein lautes Rufen: „Kaaaatttiiii!" Schon so früh? Ich rief zurück, halb schlaftrunken: „Ya voy!" und machte mich auf den Weg zum Haus. Es war schon Zeit für das Mittagessen.

Wie immer war das Essen lecker, aber viel zu viel – es scheint hier die Norm zu sein. Joven erzählte mir, dass wir mit dem Boot etwas über den Amazonas fahren wollten und fragte, ob ich mitkommen möchte. Natürlich wollte ich! So starteten wir um 13:30 Uhr.

Dann kam der erneute Kraftakt – der Bootsmotor. Gemeinsam trugen wir ihn hinunter zum Boot. Ich hatte mich mittlerweile an das schaukelnde Boot und das Tragen des Motors gewöhnt, aber leichter wurde es dadurch nicht. Ich merkte, dass meine volle Kraft noch immer nicht zurück war. Völlig durchgeschwitzt saß ich schließlich im Boot.

Mit uns fuhr eine Frau mit drei Kindern. Zwei Jungen - schätzungsweise zwischen 6 und 8 Jahren und ein kleiner Junge - etwa 8 Monate alt. Der Kleine war schon ohne Windel. Ich habe mich zuerst gefragt, ob die Frau die Mutter oder die Oma ist. Doch als sie anfing, den Kleinen zu stillen, war die Rollenverteilung klar.

Wir setzen die Frau und die Kinder an eine Stelle ab und schipperten weiter. Joven erklärte mir, dass zurzeit wenig Wasser im Amazonas ist, was an vielen Stellen ein großes Problem darstelle. Die Boote können oft nicht fahren, weil das Wasser zu niedrig ist. Wir hielten dann eine Weile an, verweilten einfach und genossen den Moment. Wir hatten Handy-Empfang und das auf dem Amazonas. Jeder checkte auch alle seine Mails und Nachrichten. Der Kleine schaute Trickfilme auf einem Handy, während wir entspannten. Auf dem Rückweg sammeln wir die Frau und die Kinder wieder ein und setzen sie ein gutes Stück hinter unserer Anlegestelle ab.

Mit dem Boot brauchten wir ein ordentliches Stück, um sie an ihre Stelle abzusetzen. Was hatte sie für einen langen Fußmarsch heute schon hinter sich.
Sie war zu Fuß mit den drei Kindern zu uns gelaufen, als wir nachmittags aufbrachen.

Zum Glück war ein Helfer da, als wir angelegt hatten, der den Motor mit nach oben trug. Ich war heilfroh, dass ich das noch nicht einmal stemmen musste, das nach oben Tragen.
Zurück im Camp sprang ich schnell unter die Dusche, denn ich war von oben bis unten verschwitzt. Dann war es auch schon wieder 18 Uhr und Zeit für meinen Medizin-Drink.
Ich ging noch ein paar Schritte, um mich kurz zu bewegen, bevor ich mein Gläschen trank, mein Nest für die Nacht baute und völlig ko war. Morgen um 4 Uhr steht meine 8. Zeremonie an.
Während wir auf dem Amazonas waren, hatte ich noch kurz meinen Mann und mein Kind kontaktiert. Sie hatten sich gefreut, von mir zu hören.

Busse, Träume und Mystische Nächte – Der Wahnsinn Geht Weiter!

Der Medizin-Drink hatte mal wieder seine volle Wirkung entfaltet – oder besser gesagt, mich in meine Einzelteile zerlegt. Mein Körper fühlte sich extrem schwer, schmerzhaft, unruhig und irgendwie noch mehr von allem an. Sekündlich wälzte ich mich von rechts nach links, dann auf den Rücken, dann auf den Bauch, als wäre ich auf der Flucht vor meiner eigenen Unruhe.
Irgendwann – Gott sei Dank – schlief ich ein.
Mein Körper versank in einem tiefen Schlaf, aber mein Kopf? Puh, der tobte vor verrückten Träumen! Ein wilder Mix aus meinem ganzen Leben - zusammengefegt oder gewürfelt.

Erst träumte ich, dass ich mit einem alten Bekannten Fahrrad fuhr. Natürlich war ich mal wieder angeblich zu langsam. Dann tauchten vor uns drei Busse auf. Der Typ, ohne auch nur ein Mal zurückzuschauen, sprang einfach in einen der Busse, der sofort losfuhr. Ich natürlich panisch, blitzschnell in den nächsten Bus, bevor auch der losbrauste. Keine Zeit zu verlieren!

Kaum war ich drin, Türen zu – und zack, Fahrkartenkontrolle. Na toll! Ich hatte natürlich nichts dabei, nicht mal ein Taschentuch! Der Bus war proppen voll, kein Entkommen. Vor mir saß ein altes Mütterchen, das offensichtlich merkte, dass ich langsam nervös wurde. Sie lächelte mich warmherzig an, griff liebevoll nach meiner Hand und zog eine Fahrkarte aus ihrer Tasche. Sie sagte: „ Liebes Kind, alles gut." Ich freue mich, dass ich dir helfen kann. Du hilfst doch auch immer jedem. „ Ähm... woher kannte sie mich? Und warum fühlte sich das plötzlich so vertraut an? Noch bevor ich irgendwas erwidern konnte, wachte ich auf. Es war 23:09 Uhr. Ich schlief wieder ein, aber die Träume hörten nicht auf. Mein Onkel tauchte auf – nicht mein leiblicher Onkel, sondern so eine Patchwork-Situation. Er ist schon lange tot und ich hatte vorher seit Jahren keinen Kontakt mehr zu ihm. Warum jetzt? Warum ähm? Und dann fiel es mir auf: Mein Cousin, dem ich in der Zeremonie begegnet war, ist sein Sohn. Komisch, oder?

All diese Figuren aus meiner Vergangenheit, die sich plötzlich in meinen Träumen zusammenfanden auf irgendeiner komischen Art. Was wollte mir das Unterbewusstsein bloß sagen? Wollte es mir überhaupt etwas sagen, oder räumte es einfach nur auf. Eben auf seine eigene Art und Weise!

Um 2:23 Uhr erwachte ich wieder. Es liegt eine mystische Stimmung in der Luft. Anders als sonst. Etwas magischer. Ich habe es gespürt. Noch ein wenig Zeit, bis ich mich auf den Weg zur nächsten Zeremonie machen würde, durch diese mystische Dunkelheit. Aber ich wusste schon: Heute würde es nochmal heftig werden...

Das Verfahren der Vorbereitung blieb eigentlich immer gleich. Aber heute war es anders. In der Luft lag eine gewisse Magie, etwas Unaussprechliches. Alles ging langsamer los als sonst. Joven fragte mich: „Spürst du was im Kopf?" Kopf? Wieso fragte er nach meinem Kopf? Ich runzelte die Stirn und antwortete: „Äh, nein... aber meine Unterarme kribbeln ein wenig und fühlen sich schwer an." Und bevor ich noch groß weiter nachdenken konnte, setzte die Trommel wieder ein – und dann passierte es: die Tränen liefen. Einfach so, aus dem Nichts. „Oh nein, nicht schon wieder!", dachte ich, aber dann ließ ich es geschehen. Ich hatte schon gelernt, dass diese Zeremonien eben ihren eigenen Rhythmus haben und wenn die Tränen fließen, dann muss das wohl so sein. Es kam ja bisher doch immer etwas Gutes dabei heraus.

Aber dann... meine Güte, so viel Spucke! Wo kommt diese ganze Spucke her? Gefühlt produzierte ich Speichel für eine ganze Fußballmannschaft! Und dann kam ein kleiner Würge-Brechreiz. Gott sei Dank verschwand der schnell wieder, aber die Spucke, oh man, die blieb. Es war schon absurd.
Irgendwie spürte ich, dass da Gefühle hochkamen. Was genau, war mir noch nicht klar, aber sie waren da, in irgendeiner Ecke meines Kopfes. Dann plötzlich: das Gefühl von Ungerechtigkeit. Wer kennt das nicht? Alles ist ungerecht, die Welt ist ungerecht, warum immer ich? Doch anstatt mich darin zu verlieren, dachte ich: Okay, das darf auch mal sein. Gefühle gehören dazu. Wichtig ist, sie zu erkennen und zu verstehen und dann kann man sie managen. Klar, manchmal kann es im Leben besser sein, aber es könnte auch schlechter sein. Alles eine Frage des Demuts, der Sichtweise und der Dankbarkeit. Und dann kam der Gedanke: Manche Leute bleiben in dieser Opferrolle hängen, während andere sich in Ablenkung stürzen, damit sie sich bloß nicht mit ihrem Inneren auseinandersetzen müssen.

Aber letztlich, da war ich mir sicher, kommt niemand an der eigenen inneren Arbeit vorbei.

Und dann passierte es: Ein Schmerz, wie ich ihn noch nie zuvor erlebt hatte. Meine komplette rechte Seite schrie auf, als ob sich tausend Nadeln in meine Nerven bohrten. Es war, als würde jemand mit einem heißen Eisen meine Muskeln und Knochen durchkneten. „ Oh mein Gott, was ist das denn jetzt?" „Mein Körper spannte sich an, jeder Atemzug war eine Qual." Aber trotz der Intensität, trotz der Schmerzen wusste ich: Das muss geschehen. Und sicher war - auch Dieses schaffe ich. Doch es waren höllische Schmerzen.

Etwas tief in mir, etwas Altes, Uraltes, wollte endlich ins Gleichgewicht kommen. Es fühlte sich an, als ob ich diejenige sei in meiner Ahnenfamilie, die etwas auflöste – all die unausgesprochenen Themen, die ungelösten Konflikte, das Unausbalancierte, das durch die Generationen hindurch auf mich übergegangen war, wollte jetzt befreit werden. Es wollte wie gerettet werden. Doch die Schmerzen waren unerträglich, mein ganzer Körper bebte unter der Last dieses inneren Kampfes. Es war, als ob ich nicht nur für mich, sondern für alle, die vor mir kamen, diese Schmerzen durchlebte. Jeder Stich, jeder Schmerz, der meinen Körper durchzuckte, war ein Teil dieser alten Energie, die sich auflösen wollte. Ich war gezwungen, mich diesem Schmerz hinzugeben. Kein Entkommen, kein Flüchten – ich konnte nur zulassen, dass es geschah. Und je mehr ich es geschehen ließ, desto tiefer gingen sie. Tiefer und tiefer, bis sie schließlich unerträglich wurden. Doch ich wusste, dass das nötig war.

Dieser Schmerz war der Preis für die Balance, für die Heilung meiner Vergangenheit und meiner Wurzeln. Es war ein gewaltiger Moment. Zwischen den Schmerzen flackerten kurz Bilder von meinem Onkel und meinen Tanten auf. Ich spürte, dass ich auf einer ganz tiefen Ebene mit meiner Familie arbeitete.

Doch ehrlich gesagt, irgendwann war ich so erschöpft und kaputt, dass es mir egal war, was genau passierte. Ich ließ einfach alles geschehen und war erstaunt darüber, was der Körper so alles aushalten kann.

Aber diese Schmerzen waren brutal. Es fühlte sich an, als würde jede Faser meines Körpers rebellieren, als hätte ich den Fluch der Familie in mir, der mich von innen heraus zerreißen wollte. Als ob die Energie der alten Generationen in mir tobte, um geordnet zu werden. Jahrzehntelange Schwere, die von Generation zu Generation weitergegeben worden war, wollte befreit werden. Als würde die Balance, die längst verloren schien, jetzt durch mich wiederhergestellt .

Ich konnte kaum noch sitzen. Mein Körper war wie gelähmt vor Schmerz, aber tief in mir spürte ich wieder: Das muss so sein. Da war etwas, das sich seinen Weg bahnte – eine Wahrheit, die durch diese Hölle an die Oberfläche wollte.

Plötzlich taucht eine Teufelsfratze auf. Aber anstatt mir Angst zu machen, bäumte sie sich nur kurz auf, fiel dann in sich zusammen und verschwand. Ich musste trotz der Schmerzen ein wenig schmunzeln.

Und dann - das letzte Bild der Zeremonie war fast schon amüsant: Ich saß mit meinem Mann, beide im Bademantel, in einem schönen, fast schon luxuriösem Hotelzimmer. Frühstück im Bett! Ein Zimmerservice rollte uns ein Tablett mit allem Drum und Dran ans Bett. Früher dachte ich immer: „Frühstück im Bett, wer braucht das schon?" Aber in diesem Moment war es so lebendig, so fantastisch, dass ich laut zu mir selbst sagte: „Ja, das werde ich mir mal gönnen!" Es fühlte sich himmlisch an. Es war nicht nur ein Bild, sondern fast eine Verheißung – das Versprechen, das Leben in vollen Zügen zu genießen, mit all den kleinen Freuden, die man sich sonst vielleicht verwehrt.

Nach gute 2,5 Stunden war die Zeremonie beendet. Ich holte mir meinen Catahua-Drink, machte noch ein kurzes Video von diesem himmlischen Morgen, zündete eine Kerze an und setzte mich friedlich auf mein Bett. Mein rechter Mittelfinger tat zwar immer noch weh. Aber das konnte mich nicht davon abhalten, die tiefe Dankbarkeit und den Frieden zu spüren, den dieser Moment mir schenkte. Dann legte ich mich noch kurz hin, ob ich geschlafen habe, weiß ich gar nicht.

Wenn die Seele fegt – Tiefenreinigung und weiteres Erwachen

Irgendwann stand ich auf, ging ein paar Schritte hinunter zum Bach. Zurück unter die Dusche, wo ich jeden Tropfen auf meiner Haut spürte. Es folgte mein gewohntes Frühstück – mein geliebter Obstteller, der mit jeder Mahlzeit besser zu schmecken schien. Ich spielte ein wenig mit dem Kleinen, merkte dabei aber schnell, dass meine Kraft nachließ. Nach dem Wäschewaschen, das heute irgendwie langsamer und bedächtiger ablief, rief die Hängematte nach mir. Es ist faszinierend, wie das Aufräumen und Reinigen hier die eigentliche Arbeit ist – und die Ruhephasen dringend benötigt werden, um diese innere Transformation zu bewältigen.
Ich hatte mich oft gewundert, als Joven zu mir sagte: „Katttiii, jetzt Pause und ausruhen." Jetzt verstand ich, was er meinte. In der Hängematte spürte ich deutlich, wie mein Körper arbeitete. Es war nicht dramatisch oder überwältigend, aber es war spürbar – als ob mein Körper in tiefen Schichten mit sich selbst beschäftigt war. Manche Stellen fühlten sich heiß an, wie bei Fieber. Aber wenn ich sie berührte, war nichts von dieser Hitze zu spüren. Es war, als ob mein Inneres seine eigene Temperatur hatte.

Nach gut 1,5 Stunden fühlte ich mich etwas klarer. Ich war wieder Herr meines Körpers. Vor meinem Haus ließ ich die Sonnenstrahlen auf mich wirken. Auch wenn das Wasser durch das Schwitzen bei jedem Atemzug an mir hinunterlief, genoss ich das Gefühl, wie die Sonne mich auflud.

Merkwürdigerweise musste ich mir heute mehrfach die Zähne putzen. Die viele Spucke hielt an – als ob mein Körper sich auf allen Ebenen reinigen wollte. Meine Zunge zeigte mir den Reinigungsprozess, der gerade auf Hochtouren lief.

Plötzlich überkam mich der Drang meine Hütte gründlich zu reinigen. War das erneut und wieder mal ein Zeichen, dass die innere Reinigung Fortschritte gemacht hat? Ich holte mir einen besseren Besen aus der Halle – der Andere taugte heute nicht viel – und begann zu fegen. Dabei dachte ich an all die Dinge, die mich innerlich beschäftigten. Es fühlte sich an, als hätte ich unendlich viel Zeit, um die Gedanken zu sortieren. So viele Selbstgespräche wie hier habe ich wohl in meinem ganzen Leben nicht geführt – und werde es wahrscheinlich auch nie wieder.

Als ich den Besen zurückbrachte, merkte ich, wie mein Körper schwer atmete, schnell pumpte, vom Saubermachen. Alles hier fühlte sich so intensiv an, als ob die kleinsten Handlungen eine tiefere Bedeutung trugen. Selbst das Sitzen fällt mir heute schwer. Beim Lunch sagte Rocio mir dann, dass man an meiner Haut sehen könne, wie die Catahua-Medizin wirkte. Ich hatte es nicht bemerkt – schließlich besaß ich hier nur einen kleinen Spiegel, der kaum Licht einfing.

Auch egal, dachte ich mir. Ich spüre es ja. Ich raffte mich schließlich noch auf und ging zwei Stunden in die Halle. Ein kleines Workout, Stretching und ein bisschen Praxis – und dabei spürte ich die Leichtigkeit des Fortschritts, selbst wenn es nur kleine Schritte waren.

Nach dem Workout ging ich noch ein paar Runden um die Halle. Wie immer begann ich zuerst gegen den Uhrzeigersinn zu gehen. Irgendwie fühlte sich das für mich einfach stimmiger an. Aber um das Gleichgewicht zu wahren, drehte ich mich dann auch in die andere Richtung. Es war, als ob mein Körper intensiv daran arbeitete, mich komplett in die Mitte zu bringen - alles in mir ins Gleichgewicht zu rücken.

Zwischendurch war es so seltsam: Mein Ober- und Unterkiefer passt einfach nicht mehr zusammen, die Zähne schienen völlig verschoben. Ich konnte richtig spüren, wie sich alles neu sortierte. Als ob mein Körper selbst Hand anlegte, um sich neu auszurichten. Bis zum späten Nachmittag – da spürte ich es ganz deutlich, wie sich alles wieder in die richtige Ordnung zog. Ein kraftvoller Moment, in dem sich mein ganzes Sein neu ausbalancierte. Eine Arbeit, die wohl noch eine ganze Weile anhalten wird.

Natürlich holte ich um 18 Uhr wieder meinen Drink, den ich bewusst einnahm.

Morgen starten wir meine letzte Zeremonie schon um 3:30 Uhr, damit wir mit dem Sonnenaufgang um 6 Uhr die Zeremonie beenden können. Allein der Gedanke an diese besondere Verbindung mit dem Sonnenaufgang machte mich innerlich ruhig und erwartungsvoll.

Heute aber... Die Zeit schlich sich zäh dahin. Es war das erste Mal, dass der Tag nicht dieses wunderbare eigene Tempo hatte, sondern sich zog wie Kaugummi. Und ich erwischte mich dabei, wie ich begann, die Tage zu zählen. Was würde ich wohl in einer Woche machen, wenn ich wieder zu Hause bin? Offensichtlich war ich innerlich langsam darauf eingestellt, dass das Ende meiner Zeit hier tatsächlich näher rückte. Ein Gedanke, der gleichzeitig etwas Wehmut und Vorfreude auslöste.

Der Sturm vor der Stille – Meine 9. Zeremonie

Was für eine Zahlenkombination – der 06.09. und dazu meine 9. Zeremonie. Irgendwie fühlt sich das magisch an, als ob der heutige Tag eine besondere Bedeutung haben würde.
Ich wurde plötzlich wach, weil draußen ein heftiger Sturm tobte. Mein Moskitonetz wehte wild um mich herum, es fühlte sich an, als würde es mich vollständig einhüllen wollen. Die Geräusche waren ohrenbetäubend, als ob der Regenwald selbst in Aufruhr geraten wäre. Und obwohl ich hier schon eine Weile war, obwohl ich dachte, mich an die Geräusche des Dschungels gewöhnt zu haben, war das im ersten Moment wirklich unheimlich. Aber ich atmete tief durch und erinnerte mich daran, was ich hier gelernt hatte: Gefühle zu managen. „Das Camp steht seit Jahren. Es hat viele Stürme überstanden", beruhigte ich mich selbst. Doch der Sturm war so laut, der Wind rüttelte an allem. Mein Netz, die Gardinen, alles wurde durcheinander gewirbelt und ich kämpfte gegen diesen wilden Wind an.
Ich schaute auf die Uhr – erst 20 Uhr! Unglaublich, es fühlte sich an, als wäre schon die halbe Nacht vergangen. Schließlich setzte auch noch der Regen ein und mit ihm legte sich der Sturm nieder. Diese Naturgewalt, so bedrohlich sie schien, beruhigte sich auf eine schnelle sanfte Art. Irgendwann schlief ich ein, doch es war kein erholsamer Schlaf.

Als der Wecker schließlich klingelte, hatte ich ihn wohl schon einige Minuten überhört. Ich war aus einem dieser seltsamen, durcheinander gewürfelten Träume erwacht, die keinen richtigen Sinn ergeben, aber dennoch so lebendig wirken. In meinem Traum hatte ich gerade einen neuen Job angefangen. Was genau ich da tat, war unklar. Wir saßen alle zusammen in einer Pause und jeder sollte seine Meinung äußern. Einige taten es mit ziemlich harschen Worten.

Und dann war ich an der Reihe. Ich sagte, was ich dachte: Dass so vieles in der Welt eine große Lüge ist, dass wir in vielen Bereichen belogen, betrogen und manipuliert werden.
Ich erzählte, dass ich seit zig Jahren keinen Fernseher mehr schaue, weil ich den ganzen Unsinn nicht mehr ertrage. Und plötzlich – Zack! – wurde ich entlassen. Also doch irgendwie keine Meinungsfreiheit.

Dann verändert sich der Traum plötzlich. Ich war zurück in meinem alten Job als Krankenschwester und eine Ärztin, die weder Deutsch noch Englisch sprach, versuchte, eine Behandlung zu leiten. Doch es war Chaos pur. Niemand verstand sie, niemand wusste, was zu tun war und ich fühlte mich völlig verloren.

Zum Glück riss mich der Wecker aus diesem Durcheinander. Benommen und noch in Gedanken über den Traum, machte ich mich auf den Weg zur Halle. Es war natürlich noch dunkel, aber mit meiner Taschenlampe konnte ich sehen, dass der Sturm in der Nacht einiges durcheinandergebracht hatte. Äste lagen überall, die Luft roch frisch und aufgewühlt. Ich konnte es spüren: Diese Zeremonie würde anders werden – intensiver, kraftvoller.

Nach der 8. Zeremonie hatte ich bereits gespürt, dass ich die Neunte ebenfalls dringend brauchen würde. Irgendetwas Großes stand noch aus. Etwas, das sich zeigen und lösen wollte. Und ja, es ging nochmal richtig zur Sache. Diese Zeremonie verlangte mir alles ab, einen intensiveren Kraftakt.

Die Energie, die durch meinen Körper strömte, erinnerte mich schmerzlich auch an meine ersten beiden Zeremonien, in denen die Schmerzen kaum auszuhalten gewesen waren. Meine rechte Seite machte sich erneut bemerkbar, aber diesmal nicht ganz so heftig. Es fühlte sich an, als würde noch einmal alles ins Gleichgewicht gebracht werden. Doch dann ging die Arbeit in meinem Unterbauch und tiefen unteren Rücken los – am Steißbein spürte ich ein intensives, kräftiges Ziehen, das sich wie ein heftiger innerer Riss anfühlte. Ich konnte nicht sitzen, wich und rutschte immer hin und her.

Mein Wurzelchakra wurde tief durchgearbeitet. Diese Schmerzen waren so stark. Und dann, als würde ein dicker, alter Knoten plötzlich aufplatzen. Und tatsächlich – das war genau das Gefühl. Ein Knoten, der sich tief in mir gelöst hatte, endlich. Es tauchten Bilder auf, die ich nicht vollständig deuten konnte. Aber dann kamen diese seltsamen Fratzenwürmer – Energiefresser, die man oft gar nicht bemerkte, die aber unbemerkt Kraft rauben. Sie wuselten umher, doch ich wusste, was zu tun war: Ich dankte ihnen und ließ sie fort, löste sie auf. Die ganze Zeremonie fühlte sich an wie eine intensive, innere Aufräumarbeit. Und als dieser Knoten platzte, war es, als würde ein ganz tiefer Schmerz endlich weichen.

Die Schlange, die auch hier nochmal am Ende davon kroch, war das Symbol für die Transformation. Und natürlich durften auch die Waschmaschinengänge nicht fehlen. Langsam wurden die Farben heller, ich saß wieder aufrechter. Spürte, wie die Schmerzen langsam nachließen. Und schließlich war ich beweglicher und freier.

Ich wusste: Dieser tiefe Knoten, den ich schon vorher gespürt hatte, ist endlich geplatzt.

Es war unglaublich, wie die Visionen von einer neuen Welt auftauchten – eine Welt, die ich schon oft vor meinem inneren Auge gesehen hatte.

Aber diesmal waren die Bilder noch intensiver, die Harmonie noch greifbarer, die Atmosphäre voller Wärme – nicht von der Sonne, sondern vom Frieden, der in der Luft lag. Und diese neue Welt werde ich leben und unterstützen.

Es war erneut heftig in dieser letzten Zeremonie, ja, aber es war genau richtig.
Als ich langsam zurückkam, alles sich langsam wieder normalisierte, fühlte ich mich von einem unglaublichen, gigantischen Gefühl der Verbundenheit erfüllt – mit mir selbst, der Natur und allem, was ist. Diese inneren Reisen sind unbeschreiblich, wirklich unbeschreiblich. Und sie bieten so viel mehr. Ich verspürte diese tiefe Dankbarkeit, dass ich den Mut hatte, dieses hier alles mitzumachen und zu erleben. Nichts möchte ich missen, selbst die Schmerzen, die ich spürte. All das ist mehr als nur eine Lebenserfahrung. Es ist auch mehr als nur eine Reise, mehr als eine Bereicherung.

Und als ob die Natur mich willkommen heißen wollte, waren die Affen heute wieder da. Ihre fröhlichen Rufe hallten durch den Regenwald und der Specht klopfte fröhlich. Es fühlte sich an, als wäre ich wirklich angekommen – bei mir selbst, in meiner inneren Heimat.

Nach der Zeremonie war die Luft erfüllt von einer sanften, wunderbaren Energie. Alles fühlte sich so leicht und friedlich an, als wäre die Natur im Einklang mit meiner Seele. Joven schaute mich an, lächelte und sagte leise: „**It's not magic – it's heart work.**"
Ich nickte, spürte die Wahrheit seiner Worte tief in mir und antwortete laut, bestimmt und mit einem Lächeln: „Oh jaaaa." Es war harte Arbeit, aber es war auch Magie dabei.

Dann, fast im Flüsterton, sprach ich aus, was mir auf dem Herzen lag: „Meine Güte, wo sind diese Wochen hin?" Ohne zu zögern, sah er mir direkt in die Augen und sagte: „In dir, Kattiii, in dir." Seine Worte trafen mich tief, mitten ins Herz. Sie fühlten sich so wahr, so richtig an. Es war ein Moment der völligen Klarheit.

Ja, er hatte Recht. Das ganze Leben, jede Erfahrung, jede Erkenntnis – all das ist in uns. Und diese Reise, meine Reise, hatte mir genau das gezeigt. All die Antworten, die ich je gesucht hatte, lagen in mir selbst.

Sie liegen in jedem von uns selbst. Wir müssen nur wieder stiller werden, um sie hören zu können.

Er erzählte mir, wie er einem Klienten geholfen hatte, der von einer giftigen Schlange gebissen wurde. Sie hatten das Gift entfernt – etwas, das fast schon wie ein Wunder klang.

Doch dann änderte sich sein Ton. Fast traurig, fast resigniert, sagte er: „Viele Menschen glauben, sie könnten mal eben einen Kurs belegen, vielleicht ein Wochenende oder eine Woche zur Persönlichkeitsentwicklung gehen und danach denken sie, sie wären erleuchtet. Sie halten sich dann für große Meister." Er hielt kurz inne und sah mich direkt an. „Aber die Wahrheit ist... nichts sind sie. Nothing." Diese Worte waren wie ein klarer Schnitt, direkt ins Herz der Wahrheit. So scharf, so ehrlich. Sie trafen mich nicht persönlich – ich hatte es auch schon manchmal so empfunden. Aber sie erinnerten mich daran, wie viele Menschen genau diesen Prozess nie wirklich verstehen. Das ganze Leben ist immer ein Prozess. Gehst DU ihn oder gehst DU ihn nicht? Was dazwischen gibt es nicht. "Fehler," fuhr er fort, „zeigen dir nur, mach es besser. Sie sind keine Niederlagen, nur Hinweise."

Dann, mit einer fast unheimlichen Ruhe in der Stimme, fügte er hinzu: „Und irgendwann kommt der Tag, an dem wir alle gehen."
Ich nickte und sagte: „Und nichts können wir mitnehmen. Wir kommen mit nichts und wir gehen mit nichts."
Er lächelte, aber sein Blick war voller Wissen. „Genau. Das Einzige, was wir mitnehmen, ist unsere Energie – wer wir wirklich geworden sind. Nicht die, die sich von ihrem Ego blenden lassen und nur an der Oberfläche kratzen. Es sind die, die sich trauen, tiefer zu gehen, ihre Schatten zu sehen, ihre Wunden zu heilen."

Es war still für einen Moment. Und in dieser Stille spürte ich die Wahrheit: So viele Menschen, die ihr Leben lang kämpfen, nehmen diese schwere, ungelöste Energie mit, wenn sie gehen. Aber die, die an sich arbeiten, die wirklich loslassen – die nehmen Leichtigkeit mit. Sie tragen nichts mehr, was sie beschwert.
In diesem Moment wurde mir klar, wie wertvoll und selten es ist, in diese Tiefe zu gehen. Und wie viele Menschen einfach nie den Mut dazu haben. Vieles verdrängen, wegschieben und wegschauen.

Nach drei Stunden war ich wieder an meinem Haus, Gläschen Medizin in der Hand – das vorletzte. Nun hatte ich Zeit und es war hell, also machte ich mich ans Aufräumen. Während ich mein Moskitonetz beiseite klappen wollte, entdeckte ich plötzlich ein großes Insekt mit endlos langen Fühlern. Ein Schaudern überlief mich. Das Ding musste wohl durch den Sturm der letzten Nacht hereingeweht worden sein.
Zum Glück hatte das Netz es aufgefangen. Aber wie kriege ich das jetzt raus? Mit meinem Kerzenteller versuchte ich es irgendwie nach draußen zu bugsieren. Leichter gesagt als getan – das Tierchen hatte seinen eigenen Willen. Nach ein paar unbeholfenen Versuchen gelang es mir dann endlich.

Beruhigt zündete ich mir eine Kerze an – die aber sofort wieder ausging. Nach mehreren Versuchen nahm ich eine Neue. Auch die flackerte kurz und erlosch. „Ist das etwa ein Zeichen?", dachte ich. „Habe ich hier etwa tatsächlich alles abgeschlossen?" Mein Prozess, meine Reinigung – könnte es sein?

In diesem Moment, als ich so auf der Bettkante saß, fühlte ich plötzlich, wie eine warme Welle von dieser tiefen Dankbarkeit in mir aufstieg. Eine tiefe, alles durchdringende Dankbarkeit für meinen Körper, der all die harte Arbeit, all den Schmerz und die Reinigung durchgestanden hatte. Es fühlte sich an, als würde ich zum ersten Mal wirklich realisieren, was er für mich geleistet hatte.

Und dann liefen sie – die Tränen. Aber nicht aus Kummer oder Erschöpfung, sondern Freudentränen. Tränen der Erleichterung, des Loslassens. Jeder Tropfen schien eine Schicht alten Ballasts mit sich fortzuspülen. Es war, als ob diese Tränen die letzte Phase meiner Reise besiegelten, als ob sie sagen wollten: „Du hast es geschafft. Du bist angekommen."

Ich kippte mein vorletztes Gläschen Medizin mit einem entschlossenen Schluck hinunter und legte mich um 7 Uhr wieder ins Bett. Ich muss wohl kurz eingeschlafen sein, denn ich merkte, wie mein Körper ganz angespannt war – bis ich ihn ganz bewusst losließ. Es war, als würde ich in den weichen Armen einer Ruhe versinken, die mich vollständig durchströmte, die mich sanft umhüllte. Eine Ruhe, die nicht nur körperlich war, sondern auch seelisch und mental.

Und dann kam dieses Bild – ein wunderschönes Bild: Über meinem Gehirn erschien eine Kuppel, fast wie ein kleines UFO (nicht, dass ich jemals eines in echt gesehen hätte, außer vielleicht in meinen amüsanten Träumen).

Die Kuppel setzte sich fest und blockierte das nervöse Hin- und Herspringen meiner Gedanken. Zwei Pflöcke wurden gesetzt, die meine Gedanken begrenzten. Es gab noch ein wenig Spielraum – schließlich darf nichts zu starr sein. Doch diese Kuppel gab mir die Kontrolle, die Ruhe, die ich brauchte. Ein wirklich wunderbares Bild. Mit diesem Bild werde ich auch mental arbeiten, wenn da im Oberstübchen mal wieder einiges versucht außer Rand und Band zu sein.

Langsam kam ich zu mir, blinzelte verschlafen auf die Uhr. 7:48 Uhr. Perfektes Timing. Es war, als wüsste mein Körper genau, wann es Zeit war, sich zu erheben. Ich fühlte mich erfrischt, aber noch leicht in einer Wolke der Zeremonien schwebend. Mit einem sanften Impuls schnappte ich mir mein Handtuch und machte mich auf den Weg zum Fluss – der perfekte Ort, um diesen Prozess zu krönen.

Völlig nackt, frei von allem Ballast, ließ ich das frische Wasser erneut über meinen Körper fließen. Es war kein gewöhnliches Bad, es war wie eine endgültige Reinigung, ein Abschied von allem Alten. Das kühle, klare Flusswasser umspülte mich, als ob die Natur mir ihren letzten Segen erteilte. Es fühlte sich so vollkommen an, so passend als Abschluss meiner Zeremonien. Ich atmete tief durch und genoss diesen magischen Moment.

Und dann, wie aus dem Nichts, flog ein riesiger, azurblauer Schmetterling an mir vorbei. Aber er raste nicht – nein, ganz im Gegenteil. Er schwebte sanft und bedacht, als wolle er die Zeit selbst anhalten. Langsam, beinahe ehrfürchtig, kreiste er um mich, als ob er mir eine Botschaft überbringen wollte. Ich schwöre, er sah mich direkt an. Dieser Schmetterling war so wunderschön, seine Farben strahlten im Morgenlicht und für einen Augenblick war ich sicher, er wollte mir etwas sagen. Vielleicht wollte er mir zeigen, dass alles gut war, dass ich bereit war, weiterzufliegen, genau wie er – leicht, frei und im Einklang mit mir selbst.

Und da stand ich, nackt am Fluss, völlig begeistert und mit einem breiten Grinsen im Gesicht, während dieser wunderschöne Schmetterling mir den vielleicht perfektesten Abschluss meines Prozesses schenkte.

Das Frühstück lief wieder in gewohnter Manier ab – ich hatte alle meine wichtigen Utensilien dabei, inklusive meines Übersetzers. So unterhielt ich mich erneut mit Rocio und heute hatten wir noch mehr Spaß. Wir lachten über alles Mögliche, als wären wir alte Freunde. Es war so ein entspannter Moment.

Dann sagte sie mir etwas, das mich tief berührte: „Sei stolz, Katii, dass du hier die 9 Zeremonien und die Medizin geschafft hast. Es ist eine riesige Leistung. Viele kommen und machen nur 2 Zeremonien." Ihre Worte trafen mich. Sie betonte noch einmal, wie großartig das sei, was ich hier vollbracht habe. Na gut, dachte ich, das nehme ich dann mal an – Zeit, mich selbst innerlich zu umarmen. Aber ehrlich gesagt, auch zwei Zeremonien finde ich mutig, das muss man erstmal schaffen.

Wir kamen irgendwie auf mein Alter zu sprechen und als ich ihr sagte, dass ich 51 Jahre alt bin, sah sie mich überrascht an. "Was? Du siehst viel jünger aus!" Na, wer das nicht gerne hört, dachte ich mir mit einem Schmunzeln.

Rocio meinte, das liege daran, dass ich keine Chemie nehme, seit Jahren meditiere und den alternativen Weg der Gesundheit gehe. Und das ist einfach gut zu hören. Also mache ich weiter und gehe diesen Weg. Ist mir ja anscheinend bisher wunderbar, gesund und erfolgreich gelungen.

Anschließend legte ich mich in meine Hängematte, völlig überwältigt von den Erlebnissen der letzten Tage. Ich musste alles mehrfach reflektieren – all die intensiven Erfahrungen, die Emotionen, die ich durchlebt hatte. Mein Körper arbeitete weiter, das spürte ich deutlich. Der Wind wehte sanft und brachte angenehme Kühle. Tatsächlich fühlte es sich ein wenig frisch an, was in dieser Hitze schnell absurd war.

Trotz der Müdigkeit raffte ich mich auf, um ein kleines Workout zu starten – obwohl ich ziemlich kaputt war, war das eine gute Entscheidung. Ich spürte dabei eine neue Freude aufkommen, die ich gestern, an meinem kleinen Tiefpunkttag, vermisst hatte. Gestern war es hart, aber heute fühlte sich alles leichter an. Zum Mittagessen gab es klein geschnittenes Gemüse und ein Ei – einfach, aber unglaublich lecker.

Danach kuschelte ich mich erneut in meine Hängematte, lauschte den Geräuschen des Dschungels und ließ alles auf mich wirken. Die Natur schien heute besonders intensiv mit mir zu kommunizieren. Die Geräusche der Tiere waren wie Musik und ich fühlte mich tief verbunden mit allem um mich herum. Plötzlich – ich war wohl leicht eingenickt – weckte mich ein lautes Krachen in meinem Kiefer. Was war das denn jetzt schon wieder? Vorsichtig fasste ich an und es schien, als hätte sich etwas gelöst. Ich hatte mir sogar seitlich dabei heftig auf die Zunge gebissen.

Oh man, dachte ich, bin ich noch nicht fertig?

Heute war es überwiegend bewölkt und ich schlenderte langsam zur Halle. Noch einmal Unterricht stand auf dem Plan. Während ich lief, wurde mir bewusst: Noch drei Tage in Peru, zwei Tage Heimreise... und dann wird diese unglaubliche Reise ein großartiger Teil meines Lebens sein. Doch vorbei ist sie nicht – sie wird immer ein Teil von mir und in mir bleiben.

Der Unterricht fiel heute aus und später erfuhr ich, dass Joven helfen musste, weil es der Tochter seines Bruders nicht gut ging. So nutze ich die Zeit für ein ausgiebiges Stretching, begleitet von einer Geh- und Atemmeditation um die Halle herum. Der Tag neigte sich langsam dem Ende zu und es wurde schon wieder schummrig.
Da kam plötzlich ein kleiner „Hänger" – ein kurzer Moment der Sehnsucht. Das sind wohl die ersten Anzeichen dafür, dass ich mich auf zu Hause freue. Ich freue mich darauf, endlich mal wieder richtig auf die Toilette gehen zu können, auf ein frisches, sauberes Handtuch nach einer ausgiebigen Dusche oder, noch besser, auf ein warmes Bad in der Badewanne.
Doch gleichzeitig weiß ich jetzt schon, dass ich diese Stille der Natur und die einzigartigen Naturgeräusche hier immer mal wieder vermissen werde. Zum Glück habe ich sie aufgenommen.
Die Tabanos allerdings, dieser Biester, die mich immer geplagt haben – die werde ich ganz sicher nicht vermissen! Ich wälzte mich von einer Seite zur anderen, und als ich endlich doch einschlief, erwachte ich wieder. Von 1:24 Uhr – 3:45 Uhr hellwach. Da war nichts mehr zu machen.

Ich hörte in die tiefe Stille des Dschungels hinein, lauschte den Tiergeräuschen, die schnell beruhigend wirkten. Aber mein Kopf wollte einfach nicht abschalten. Also schrieb ich ein paar Gedanken auf, die mir durch den Kopf schwirrten. Ich hörte ein Hörbuch, das ich für diese Momente heruntergeladen hatte. Und dann dachte ich: „Gut, wir versuchen es noch einmal." Ich legte mich hin und begann rückwärts von 100 bis 1 zu zählen, mit visualisieren. Das hilft mir immer, und siehe da – irgendwann war ich wieder eingeschlafen.

In der Nacht musste ich mir eine lange Hose anziehen – es war kühler geworden und ich kuschelte mich in meine Jacke. Eine warme Dusche wäre jetzt ein Traum, vielleicht sogar ein heißes Bad. Ja, darauf freute ich mich.

Meine Träume waren wirr, ein regelmäßiger Mix aus Realität und Fantasie. Im ersten Traum war ich mit einer alten Freundin unterwegs, mit der ich eine Zeit lang keinen Kontakt hatte. Wir lachten, machten Blödsinn, als wären wir nie getrennt gewesen. Es war so lustig, dass ich sogar im Schlaf grinsen musste. Der zweite Traum war eher merkwürdig, mit einer Bekannten, die plötzlich auftauchte, aber es ergab alles keinen Sinn. Träume eben.

Am Morgen wurde ich sanft von der Natur geweckt. Die Geräusche des Regenwalds sind wirklich etwas Besonderes – eine ganz eigene Melodie, die man nur hier erleben kann. Mit geschlossenen Augen genoss ich diesen Moment. Und endlich: Ich konnte nach Tagen mal wieder richtig aufs Klo! Das klingt vielleicht banal, aber das war wirklich ein Erfolgserlebnis. Da konnte der Tag nur gut starten. Das war schon mal ein guter Anfang. Interessanterweise hatte ich keinen Hunger, obwohl ich seit gestern Nachmittag 14 Uhr nichts gegessen hatte. Ich fühlte mich satt und zufrieden, als ob mein Körper alles hatte, was er brauchte.

Auch wenn ich dieses Gefühl von meinen eigenen Fastenwochen kenne. Es war nochmal ein völlig neues Gefühl. Herrlich.
Nicht mal meine geliebten Salmiakpastillen oder Lakritze vermisste ich. Ein ziemlich angenehmer Zustand, den ich definitiv öfter haben könnte.

Am Morgen kam Joven mit dem Kleinen vorbei. Wir unterhielten uns kurz und dann begleitete ich sie, denn heute war der Tag, an dem meine „Diät" offiziell beendet wurde. Das erste, was ich bekam, war eine Knoblauchzehe mit etwas Zitronensaft, Salz und einer Prise Zucker. Wer hätte gedacht, dass das so gut schmeckt? Und ich musste mich echt zurückhalten, nicht den ganzen Teller abzulecken!

Das kommt definitiv auf meine „Zu Hause kochen"-Liste. Einfach, gesund und unfassbar lecker. Danach gab es einen Obstteller und dann ging es unter die Dusche. Wir machten uns bereit für einen kurzen Ausflug nach Tamshiyacu, ins Dorf. Natürlich konnte ich wieder den Motor des Bootes mittragen – mittlerweile sehe ich das als eine kleine Sporteinheit.
Ich wunderte mich, warum wir die drei Kinder seines Bruders und seiner Schwester dabei hatten und so lange im Boot warteten. Es stellte sich heraus, dass wir noch sechs weitere Leute mitnehmen würden, die für zwei Zeremonien ins Camp zu seinem Vater kamen. Auch Jovens Bruder, Schwester und Eltern waren dabei. Es ist interessant, wie es hier bei den Zeremonien abläuft – bei mehreren Teilnehmern sind immer Helfer dabei. Wenn ich an meine ersten beiden Zeremonien zurückdenke, hätte ich allein nicht einmal den Weg zur Toilette geschafft.

Im Dorf angekommen... seine Eltern sind unglaublich liebenswerte Menschen, auch wenn ich leider nicht mit ihnen sprechen konnte, weil mein Spanisch... naja, es ist eben nicht vorhanden. Aber ihre Herzlichkeit war nicht zu übersehen und wir saßen gemeinsam draußen. Sein Vater versuchte immer, ein Gespräch mit mir zu beginnen und es tat mir wirklich leid, dass ich ihm nur mit meinem Lächeln antworten konnte. Ich glaube, wir hätten tolle Gespräche geführt.

Nach dem Nachmittag ging es zurück ins Camp. Ich duschte noch einmal, packte meine Sachen zusammen und bereitete mich auf die letzte Nacht vor. Dann hörte ich wieder das vertraute „Kaaaatttiiii!" – das Essen war fertig. Es war mein letztes Abendessen im Camp und ich genoss jeden Bissen. Besonders die warmen, dunklen Oliven werde ich vermissen. Zuhause esse ich immer die grünen, aber diese hier – einfach himmlisch.

Um 17 Uhr hatte ich noch einmal Unterricht, um die ausgefallene Stunde nachzuholen. Danach war Schluss. Nun bricht meine letzte Nacht an und morgen wird früh der Wecker klingeln. Um 5 Uhr werde ich aufstehen, den Rest einpacken, aufräumen und putzen, bevor wir ein letztes Mal mit dem Boot nach Tamshiyacu aufbrechen. Aber nicht ohne um 6 Uhr noch einmal in der Halle zusammenkommen – zum Abschluss dieser außergewöhnlichen Reise.
Ein bittersüßer Abschied, der mich mit Dankbarkeit erfüllte.

Die letzte Nacht und ein Abschiedsritual voller Magie

Die letzte Nacht im Camp – was für ein Abschied. Es war, als ob mein Körper bereits spürte, dass es das Ende einer intensiven Reise war. Meine Lungen reinigten sich noch einmal heftig und ich hustete etwas mehr als die letzten Tage. Auch das war Teil des Reinigungsprozesses, der in den letzten Tagen immer wieder Wellen schlug. Kurz nach 4 Uhr war ich wach, aber anstatt sofort aufzustehen, döste ich noch einmal vor mir hin. Ich genoss jede Sekunde dieser Stille, dieser einzigartigen Naturgeräusche, die ich so bald nicht mehr hören würde. Es war ein Moment des reinen inneren Friedens. Ein weiterer Moment, der mich bestärkte.

Langsam stand ich auf, packte den letzten Rest meiner Sachen und machte mich bereit. Dann ging es ein letztes Mal in die Halle. Ich wusste nicht genau, was mich dort erwarten würde, aber es fühlte sich an, als stünde etwas Besonderes bevor. Dort angekommen, begann Joven, mir ein ganz persönliches Icaro zu singen. Seine Stimme erfüllte die Halle und ich spürte, wie sich eine tiefe Ruhe in mir ausbreitete. Aber es war noch nicht vorbei – wir gingen zu meinem Haus und ich konnte nicht ahnen, was als Nächstes kam. Eine Waschschüssel war bereitgestellt und die Tüte mit dem Aqua de Flores und Roses von gestern war mehr als nur ein Geschenk.
Das Aqua de Flores und Roses, gemischt mit Wasser und dem Hauch von Tabak, den Joven mit einem speziellen Gesang segnete, sollte meine letzte Reinigung sein. Ich sollte mich damit duschen – die eine Hälfte der Schüssel in die Richtung des Sonnenaufgangs, die Andere zur untergehenden Sonne. Dabei schloss ich die Augen, wie Joven es mir empfohlen hatte, denn die Mischung war stark, durchdrang die Luft und berührte meine Haut wie ein letztes Geschenk der Natur.

Der Duft war intensiv, kraftvoll und doch sanft. Ich durfte mich nicht abtrocknen, aber die Luft um mich herum trocknete mich von selbst. Es fühlte sich an wie ein letzter Segen.

Dann ging ich zurück zur Halle und dort wartete Rocio, der Helfer, an seiner Seite noch ein Junge, Joven und sogar der Kleine auf mich. In der Mitte der Halle stand „mein Stuhl", der Stuhl, der mich durch all diese Zeremonien getragen hatte, in denen ich so viel über mich selbst gelernt hatte, wo ich durch die Hölle ging, wo ich all das Wissen in mir aufsog... der Stuhl, der alles veränderte. Ich hatte mein weißes Kleid an. Ich fühlte mich nicht nur getragen und verbunden, Nein... als ich auf diesem Stuhl saß – in diesem Moment wurde mir klar, dass all die Stürme, all die Schmerzen und Kämpfe mich nicht nur zu mir selbst geführt hatten. Es war, als hätte ich in mir ein Feuerwerk entzündet – ein Leuchten, das durch alle die Dunkelheit hindurchstrahlte. Ruhig. Stark. Endlich frei. Ein Licht, das nicht nur mir gehört, sondern dem Leben selbst – und das nie wieder erlischt.

Mit der Chakapa, Icaro, Tabak und einem besonderen Schutz umgab er mich mit einer Energie, die schnell greifbar war.

Tränen liefen über mein Gesicht – nicht aus Trauer, sondern aus tiefer Dankbarkeit, Demut, Freude und tiefen inneren Frieden.

Es war ein Moment, der keine Worte brauchte, ein Moment, der sich in mein Herz einbrannte.

Der Kleine beobachtete alles sehr aufmerksam, verhielt sich so still, wie es ein Zweijähriger in so einer spannenden Situation eben kann. Als alles vorbei war, kam er zu mir und streichelte mich sanft. Ohne Worte drückte ich ihn. Und auch wenn ich in diesem Moment Spanisch hätte sprechen können – es gab keine Worte, die diesen Moment hätten beschreiben können.

Es war mehr als ein Abschied. Es war ein neuer Anfang.

Der Kleine sah ganz genau zu, wie Joven meine Hände, Füße, Brust und meinen Rücken mit dem Hauch des Tabaks und dem besonderen Schutz segnete und dann wollte er es auch. Ohne zu zögern, zeigte er auf sich, als wollte er sagen: „Ich auch!" Dieser Moment ging mir tief unter die Haut. Kinder spüren, was echt ist, was gut ist und folgen ihrem inneren Kompass. In diesem Augenblick wurde mir klar, dass dieser Abschluss nicht nur für mich bedeutungsvoll war, sondern auch für ihn. Vielleicht würde er eines Tages selbst in die Fußstapfen seiner Familie treten und die Traditionen weiterführen, dachte ich.

Dieser Moment war mehr als nur eine persönliche Zeremonie für mich. Es war das Erkennen, dass ich Teil eines großen Kreislaufs geworden war – einer Kultur, die so klar, so tief und verbunden ist. Und in diesem Augenblick fühlte ich den Drang, diesen Menschen, diese Weisheit und das, was ich hier gelernt hatte, zu unterstützen. Nicht aus einer Laune heraus, sondern weil ich wusste, dass das, was hier im Dschungel geschieht, ein Teil des großen Ganzen ist, das wir in der Welt so dringend brauchen.
Es war, als ob sich der Kreis schloss und eine neue Reise begann – nicht nur für mich, sondern für das, was diese uralte Kultur, diese Menschen und ihre tief verwurzelte Weisheit der Welt noch zu geben haben.

Es fühlte sich an, als hätte der Dschungel selbst seinen Herzschlag mit meinem vereint – ein magischer Moment, in dem sich Anfang und Ende die Hand reichten. Dieser Abschluss war nicht einfach das Ende meiner Reise, sondern der Beginn von etwas Größerem, etwas Uraltem, das tief in mir erwacht war.

Abschied in Stille, Ankunft im Leben

Schnell zog ich mich um und als ich aus meiner Hütte trat, standen die Helfer bereits startklar in Aufbruchstimmung. Sie trugen mein Gepäck, aber eine Sache ließ ich mir nicht nehmen: Meine Trommel, die wir gemeinsam gebaut hatten.

Dieses besondere Stück, das so viel von dieser Reise in sich trägt, trug ich selbst, fest umschlossen in meinen Händen. Der Abschied war schwerer, als ich erwartet hatte. Die Helfer, die mich auch durch die Tage getragen hatten, trugen nun mein Gepäck zum Boot, als wäre es das Normalste der Welt. Doch in mir brodelte eine Mischung aus Dankbarkeit und Wehmut. Jeder Schritt hin zum Boot war wie ein Abschied von einem Teil meines Selbst. Die Natur, die Zeremonien, die intensive innere Reise – all das lag hinter mir, aber auch in mir, so tief verankert, dass ich es für immer mitnehmen würde. Die Helfer trugen mein Gepäck, doch die wahre Last, die ich hier zurückließ, lag viel tiefer – es waren die Knoten, die sich in diesen Wochen gelöst hatten, die Schichten, die sanft gefallen waren und die Leichtigkeit, die nun an ihre Stelle trat.

Als ich auf dem Boot saß, spürte ich, wie der Amazonas unter uns leise rauschte. Wir saßen da, der Fluss zog uns langsam fort und es fühlte sich an, als ob er nicht nur das Boot, sondern auch die vergangenen Wochen sanft davontrug. Der Blick auf das Camp, das nun in der Ferne verschwand, machte mir klar, was mein Körper und ich dort geleistet haben, wie viel ich dort zurückließ – und doch war alles Wichtige tief in mir verankert, was ich nun mitnahm.

Das Schaukeln des Bootes, das Plätschern des Wassers und das Geräusch des Motors – es war, als würde die Natur und all das noch einmal sanft zu mir sprechen, mich verabschieden. Die Vögel sangen, die Bäume schienen zu zwinkern. Und während der Amazonas uns weiterführte, wusste ich, dass diese Reise immer ein Teil von mir sein wird.

All die Erlebnisse, die Menschen, die Zeremonien – sie hatten mich verändert, geformt, mich tief berührt.
Ein letzter Blick zurück, ein tiefes Durchatmen.

Es war Zeit weiterzugehen – mit einem Herzen, das schwer und leicht zugleich war.

In Tamshiyacu angekommen, fühlte es sich schnell unwirklich an, wieder ins Leben des Dorfes zu kommen. Ich bezog mein Hostelzimmer und gönnte mir eine erfrischende Dusche. Doch während das Wasser über mich lief, spürte ich, dass ein Teil von mir noch immer im Camp verweilte – voller Erinnerungen und Eindrücke, die mich tief geprägt hatten.

Kurz darauf tauchte ich in das bunte Treiben des Dorffestes ein und es war überwältigend, was das kleine Dorf auf die Beine stellte. Der Umzug war ein wahrer Spiegel des Regenwaldes – von den Kleinsten, die als Ananas, Tiere und Pflanzen verkleidet durch die Straßen liefen, bis zu den Ältesten, die den Abschluss bildeten. Es war, als ob das gesamte Leben des Regenwaldes auf einen Schlag vor mir vorbeizog. Jeder Schritt, jedes Kostüm erzählte seine eigene Geschichte und ich fühlte mich, als wäre ich nicht nur Zuschauer, sondern tief verwoben mit diesem Ganzen.

Nach dem Umzug setzten wir uns zusammen, aßen vom großen Holzgrill und ließen die festliche Atmosphäre auf uns wirken. Doch während ich das Lachen und die Gespräche um mich herum hörte, hing mein Herz noch immer bei dem Abschied im Camp. Die leisen, aber bedeutungsschweren Blicke der Helfer, die mich verabschiedet hatten und das stille Verstehen, dass ich hier nicht nur etwas zurückließ, sondern auch etwas tief in mir mitnahm, begleiteten mich.

Das Gegrillte war wirklich lecker, doch auch im Camp hatte mich Rocio mit ihrem wunderbaren Essen immer verwöhnt. Als ich schließlich noch ein frisches, saftiges Stück Melone in der Hand hielt – das hier irgendwie noch süßer und erfrischender schmeckte – strahlte ich vor Glück. Es fühlte sich an, als würde ich jeden Moment aufsaugen, als wäre alles um mich herum ein einziges großes Geschenk. Dass ich genau zur richtigen Zeit hier bin, um dieses große Dorffest mitzuerleben – nicht früher, nicht später – war unglaublich. Und dazu hatte es kaum geregnet, als wäre auch das Teil dieses Geschenks. Und dazu jede der 9 Zeremonien, so herausfordernd sie auch waren, hatte ihren tiefen Sinn.

Wir saßen alle zusammen, die ganze Familie und ich, mitten in ihrem Kreis vor dem Haus. Sie lebten direkt nebeneinander und es war erstaunlich, wie sich hier eine so harmonische Einheit ergab. Natürlich gab es die üblichen kleinen Streitereien unter den Kindern, aber das störte das Gesamtbild nicht – im Gegenteil, es machte es nur noch authentischer. Sogar eine Motorrad-Rallye zog durch die Straßen und die Motoren donnerten ganz schön laut. Manometer, was für ein kräftiger Sound! Danach wurde Musik über eine kleine Box gespielt und ich saß gemütlich im Schaukelstuhl, umgeben von all dieser Fröhlichkeit. Die fröhliche Stimmung war so herzerfrischend, dass ich einfach nur lächelte. Und wieder dachte ich, wie schade es doch ist, dass ich kein Spanisch spreche. Aber selbst ohne Worte verstand ich das Wichtigste: die Herzlichkeit und das Miteinander.

Dann fragte Joven mich, ob wir zusammen eine kleine Spritztour mit seinem Motorrad machen wollen – und der Kleine kam natürlich mit. Hier ist es, wie in vielen anderen Ländern auch, ganz normal, dass Kinder einfach vorne oder in der Mitte mitfahren. Als er mich fragte, ob ich auch einen Motorradführerschein habe und ich mit "Ja" antwortete, staunte die ganze Familie. Während der Fahrt erzählte Joven von einem kleinen angrenzenden Dorf, das von den Einwohnern neu aufgebaut wurde, nachdem ihr altes Dorf vor ein paar Jahren komplett überflutet worden war. Wir fuhren an einer neuen Schule vorbei, die gerade gebaut wird. "Wow, das sieht ja richtig modern aus," dachte ich, beeindruckt von dem Fortschritt. Der Kleine, der vorne saß, wurde immer schläfriger. Um ihn wachzuhalten, versuchte ich es mit sanften Berührungen und Rufen, aber schließlich entschieden wir uns, wieder zurückzufahren.

Im Rhythmus des Lebens – Tanzen mit dem Dorffest

Als wir zurückkamen, war der Lunch schon bereit und ich hatte erneut einen unglaublich schmackhaften Salat vor mir. Ich genoss alles in meiner neuen inneren Ruhe und hielt es bis 17:30 Uhr am Haus aus, auch wenn zwischenzeitlich alle verschwunden waren. Aber ich hatte ja meinen gemütlichen Schaukelstuhl draußen im Schatten, der mich wunderbar begleitete. Schließlich entschloss ich mich doch, noch eine kleine Runde zum Boulevard zu gehen. Langsam begann dort schon das bunte Treiben, das den Abschluss des einwöchigen Dorffestes einläutete.
Nach einer erfrischenden Dusche ruhte ich mich noch etwas aus und machte mich dann fertig für den Abend. Wir trafen uns und zogen gemeinsam los, um zu tanzen und den letzten Abend des Festes zu genießen.

Ein kleiner Gedanke huschte noch durch meinen Kopf: „Oh je, die nächsten drei Nächte werden wohl eher kurz und etwas lauter als im Camp." Das Hostel war bisher nicht gerade leise und auch die Anreise in Iquitos hatte mir schon gezeigt, dass es hier anders zugeht als im stillen Dschungel. Und dann kommt noch die Nacht im Flieger.

Aber das war in Ordnung. Ich hatte meine Zeit der Stille, der Ruhe und der tiefen inneren Einkehr – und nun war es an der Zeit, sich wieder dem Leben, dem Lärm und dem bunten Treiben hinzugeben.

Ich rief meinen Mann am Nachmittag an und zeigte ihm, wie wir dort alle zusammen saßen – ein kleines Dorf, so weit weg und doch so nah in diesem Moment. Seine Stimme zitterte leicht und als er endlich sprach, konnte ich hören, dass er Tränen in den Augen hatte. „Ich spüre eine große Veränderung bei dir," flüsterte er. Ich hielt kurz inne. Vorher hatte er mir geschrieben: „Ich habe das Gefühl, dass diese Reise die Wichtigste von deinen drei Reisen war." Er spürte richtig. Ich lächelte still für mich und antwortete: „Ja, das stimmt." Doch gleichzeitig wusste ich, dass jede der Reisen – jede Herausforderung, jedes Erlebnis – seinen eigenen, wertvollen Platz hatte. Alle Reisen hatten mich auf diesen Punkt vorbereitet.

Dann schrieb er noch: „Die Energie, die du jetzt hast, spüre ich bis hier nach Hause, nach Wittenbeck und ich habe Tränen die fließen."

Ich hielt einen Moment inne, erstaunt über seine Worte, denn mein Mann war nicht jemand, der so etwas einfach so sagen würde. Aber in diesem Moment fühlte ich, wie die Distanz zwischen uns verschwand. Die Energie, die ich hier gesammelt hatte, die ich in mir trug, war nicht nur für mich spürbar, sondern erreichte sogar die, die mir am Herzen lagen – selbst über Ozeane hinweg.

Es war Zeit, ins Getümmel einzutauchen und ich hatte natürlich mein neu gewonnenes blaues Oberteil angezogen. Ich war bereit für das große Dorffest. Überall tummelten sich Menschen – vom Baby bis zum Greis, alle Generationen vereint in einer gemeinsamen Feier. Auf der großen Bühne sorgte eine energiegeladene Band für tolle Stimmung, ohne Pause wurde gespielt und getanzt. Die Tänzerinnen schwangen ihre Hüften im Takt der Musik. Die knackigen Popos der Tänzerinnen wackelten im Rhythmus, während das ganze Dorf ausgelassen mitfeierte. Die Stimmung war einfach mitreißend und jeder ließ sich von der Musik und der Lebensfreude anstecken.

Noch mitten im Getümmel, umgeben von der fröhlichen Stimmung und der mitreißenden Musik, rief ich meinen Mann an. In Deutschland war es schon 8 Uhr morgens, hier jedoch noch die volle Party. Ohne Worte, weil es einfach zu laut war, hielt ich ihm die Kamera hin und zeigte das unglaubliche Treiben um mich herum – die Band, die tanzenden Menschen, das pulsierende Leben. Ich konnte förmlich spüren, wie er lächelte, auch wenn wir uns nicht hörten. Als ich schließlich im Hostel ankam, fiel ich erschöpft, aber mit einem glücklichen Gefühl ins Bett.

Abschied am Boulevard – Ein letzter Blick auf den Amazonas

Morgens um 7 Uhr, frisch geduscht und bereit für den Tag, zog es mich noch einmal zum Boulevard. Es war, als ob mich eine unsichtbare Kraft dorthin führte, um endgültig Abschied zu nehmen. Schon bei meiner Ankunft hatte ich diese besondere Energie des Ortes gespürt, doch heute war es anders – intensiver, ruhiger. Die Kinder hatten Schulfrei, eine Belohnung vom Bürgermeister, denn das große Dorffest fand nur einmal im Jahr statt und alle feierten es gemeinsam. Am Boulevard angekommen, umgab mich eine Stille, die gleichzeitig schwer und leicht war.

Es war, als ob die Natur, die Menschen und die Erlebnisse der letzten Wochen mich in einer letzten Umarmung hielten. Dankbarkeit überflutete mich – Dankbarkeit an die Natur, an die Menschen, an all die Erfahrungen und vor allem an mich selbst, dass ich den Mut und die Kraft hatte, diese Reise anzutreten und durchzuleben.

Ich stand da, blickte auf den majestätischen Amazonas und konnte kaum fassen, dass ich wirklich hier war. Dass es nun tatsächlich zurückgehen würde. Die Gefühle waren überwältigend, kaum in Worte zu fassen. So vieles auf dieser Reise war nicht mit Worten greifbar. Der Amazonas, still und gewaltig, schien meine Gedanken zu verstehen, als ich leise Abschied nahm von diesem Ort, der mir zum Camp auch so viel gegeben hatte.

Nach einigem Hin und Her telefonieren wegen der Abreise, wurde ich gegen 9 Uhr abgeholt.
Joven brachte mich mit einem Tuk Tuk zum Boot und während wir so fuhren, liefen mir plötzlich die Tränen über die Wangen. All die Erinnerungen, all die Erfahrungen, die Menschen, die Natur – es war, als ob alles wie ein Film nochmal abgespielt wurde.
Joven bemerkte meine Tränen und legte mir sanft die Hand auf den Arm. „Sei immer ganz dort, wo du gerade bist", sagte er leise. „Versprich es mir." Diese einfachen Worte berührten mich tief. Wie wahr sie doch waren. Es war eine dieser Lebensweisheiten, die man oft hört, aber selten wirklich versteht, bis sie in einem Moment wie diesem plötzlich klar und deutlich werden.
Ich erinnerte mich daran, als ich ihn einmal gefragt hatte, ob er Deutschland vermisst. Er hatte einige Zeit in Deutschland, Österreich und der Schweiz verbracht. Doch seine Antwort war dieselbe: „Immer ganz da sein, wo man gerade ist."

Es war eine Lektion, die mich begleiten würde – und genau das versprach ich ihm.

Leider konnte ich mich nicht mehr von Rocio verabschieden. Ein kleines Bedauern durchzog mein Herz, doch die Zeit drängte. Als die Überfahrt begann, konnte ich die Tränen nicht mehr zurückhalten.

Der Amazonas glitt still an mir vorbei und mit ihm schienen all die Erinnerungen und Erlebnisse dieser Reise.

Ich ließ es einfach geschehen, ließ alles in mir nachklingen – das Camp, die Zeremonien, die Menschen, die Natur. Unglaublich, dass ich es wirklich getan hatte. Diese Reise, die so lange auf meinem Lebenszettel stand, war jetzt ein Teil von mir geworden.

Kurz vor Iquitos, als ich bereits den Hafen und die ersten Anlaufstellen sah, begann das Boot plötzlich zu ruckeln. Der Motor muckte und der Kapitän wirkte nervös. Er stand auf, blickte öfter nach hinten und ich dachte nur: "Was jetzt, doch nicht noch ein dramatisches Finale?" Sofort erinnerte ich mich an die Kraft der Gedanken, die ich über all die Jahre gelernt hatte. Mit jeder stärkeren und tieferen Atmung wurde alles gefühlt ruhiger und das Boot legte schließlich doch ohne großen Hindernisse an. Doch gerade als ich von Bord gehen wollte, hielt mich der Kapitän auf. Er sprach Spanisch auf mich ein, seine Worte klangen nicht gerade freundlich. Was war denn jetzt los? Zum Glück kam Jovens Cousin, der mich abholen sollte, gerade rechtzeitig und klärte mit Hilfe des Translaters auf: Joven hatte vergessen, die Bootsfahrt zu bezahlen. Erleichtert zückte ich mein Portemonnaie und klärte die Situation.

Im Hotel angekommen, freute ich mich über mein neues Zimmer – ruhiger als das erste, das ich am Beginn meiner Reise hatte. Nachdem auch die letzte Nacht in Tamshiyacu angenehm ruhig war, versprach dieses Zimmer, dass ich in Frieden schlafen würde – ein perfekter Abschluss einer unglaublichen Reise.

Nach einer erfrischenden Dusche fühlte ich mich wie neugeboren und machte mich auf den Weg in die Stadt. Obwohl ich nur einen halben Tag in Iquitos verbracht hatte, kannte ich mich inzwischen gut genug aus, um zielstrebig zur Sky Bar zu steuern, die ich beim ersten Mal so toll fand. Der Ausblick war einfach unschlagbar. Ich bestellte einen Aperol und dazu Sushi – das perfekte Mittagessen, nachdem ich heute noch kein Frühstück hatte. Während ich dort saß, die Aussicht genoss und in aller Ruhe aß, überkam mich wieder dieses unglaubliche Gefühl von Glück und tiefer Dankbarkeit. Nicht nur, dass ich diese Reise erleben durfte, sondern dass ich sie auch – auf meine humorvolle Art – "überlebt" hatte. Ein kleiner innerer Schmunzler begleitete meine Gedanken.

Die Bar war fast leer, was den Moment noch besonders machte. Nach dem Aperol gönnte ich mir einen alkoholfreien Cocktail, ließ mich beraten, weil ich etwas Frisches, aber nichts Süßes wollte. Der Cocktail war so erfrischend und lecker, dass ich mir gleich einen Zweiten bestellte. Die Zeit schien stillzustehen, während ich das alles in mich aufsog.

Dann fiel mir die Nummer der Massagepraxis ein, die ich zu Beginn der Reise entdeckt hatte. Ein Gedanke führte zum nächsten und ich zückte mein Handy. Über WhatsApp buchte ich mir noch eine wohlverdiente Massage, um diesen Tag perfekt abzurunden.

Eine Lektion in Geduld und Gelassenheit

Als ich im Restaurant bezahlen wollte, spürte ich plötzlich, dass etwas nicht stimmte. Ich steckte das Geld wieder ein, zögerte und holte alles wieder hervor. Irgendwie schien etwas zu fehlen. Ich durchforstete mein Portemonnaie und merkte, dass 50 Soles einfach weg waren. Wo konnte das nur passiert sein? Ich hatte dann mit Karte bezahlt und etwas Trinkgeld in bar gegeben.

Die Gedanken rasten in meinem Kopf: Hatte ich irgendwo etwas gekauft? War ich etwa schon ein bisschen pläm pläm?

Ich rief den Kellner zu mir und fragte, was ich ihm als Trinkgeld gegeben hatte. Ich konnte mich eigentlich gut erinnern, aber man weiß ja nie. Ich durchsuchte mein Portemonnaie nochmal gründlich – nichts. Und dann dämmerte es mir. Das Einzige, was anders war, war, dass ich noch auf der Straße Geld gewechselt hatte. Ich hatte dem Tauschmann sogar in einem strengen Ton gesagt, er solle sicherstellen, dass es echtes Geld sei.

Schließlich hätte der Kellner das Trinkgeld nicht angenommen, wenn es gefälscht gewesen wäre. Beim Wechseln hatte mir der Tauschmann zuerst 10 Soles zu wenig gegeben. Er zählte dann selbst nochmal nach. Legte einen 10-Soles-Schein obendrauf und überreichte mir das komplette Bündel. Ich vermutete, dass er beim Übergeben einen 50-Soles-Schein von unten unbemerkt "mitgenommen" hatte. Und ich? Ich hatte einen kurzen Impuls gespürt, es nachzuzählen, aber den Impuls ignoriert.

Ich hatte das Bündel einfach zusammengefaltet und in mein Portemonnaie gesteckt. Na toll. Jetzt stand ich da.

Also ab zurück ins Camp – nachsitzen! Vielleicht dachte der Regenwald ja, ich hätte noch nicht genug gelernt und schickte mich auf eine letzte Runde Nachhilfe. Wer hätte gedacht, dass die letzte Lektion nicht vom Schamanen, sondern vom Straßen-Geldwechsler kommt!

Eine Weile ärgerte ich mich richtig darüber. Aber dann kam mir in den Sinn, dass man, wenn man sich länger als 15 Minuten über etwas ärgert, sich nur über sich selbst ärgert. Also abhaken. Es gibt wahrlich Schlimmeres im Leben.

Aber ein innerer Gedanke ließ mich schmunzeln: Tja, scheinbar hatte ich noch eine kleine Lektion in Geduld und Gelassenheit zu lernen, auf meine Intuition zu hören, bevor diese Reise wirklich abgeschlossen war.

Als ich so durch die Stadt schlenderte, rief ich meinen Mann an. In Deutschland war es schon Abend und als ich ihn auf der Couch liegen sah, bemerkte ich seine Tränen. Verwundert fragte ich, was los sei. Seine Antwort rührte mich: „Ich freue mich so auf dich, ich vermisse dich und ich bin so stolz auf dich. Ich kann es kaum erwarten, dich wieder in meine Arme zu schließen. Ich bin einfach glücklich, dass du meine Frau bist." Da musste ich auch kurz schlucken und auch bei mir zeigte sich Tränchen.

Ich beschloss nach dem Telefonat, noch einmal zu der Stelle zu gehen, wo ich das Geld getauscht hatte. Doch als ich dort ankam und mich umsah, musste ich schmunzeln. Welcher von diesen Vögeln war es bloß? Ja, ich musste mir eingestehen, dass ich diesen „Vogel" nicht mehr wiedererkennen würde. Ich sprach zwar jemanden an, aber ich hätte nicht sagen können, ob es derjenige war. Immerhin, dachte ich mir, ich hatte mich getraut und mich energetisch gewehrt – das ließ ich mir nicht nehmen! Und nun komplett abhaken.

Ich schlenderte weiter durch die Stadt, wo ich noch nicht gewesen war. Kaufte mir zwei Paar Schuhe zum Preis von einem – Schnäppchenalarm! Wunderschön.
Zum Abschluss des Tages gönnte ich mir die Massage, die ich mir vorher gebucht hatte – und es war himmlisch! Mit meinem neuen Körpergefühl war es ein wahrer Genuss.

Im Hotel angekommen, setzte ich mich noch in den Garten. Es war schön warm und die Abendluft fühlte sich irgendwie beruhigend an. Ich wollte noch nicht aufs Zimmer, also holte ich meinen Notizblock heraus, schrieb ein paar Gedanken nieder und arbeitete noch ein wenig. Doch es dauerte nicht lange, bis mich die Müdigkeit übermannte. Meine Augen wurden schwer und ich wusste: Zeit fürs Bett. Im Zimmer angekommen, machte ich mich bettfertig und fiel direkt ins Land der Träume.

Um 00:43 Uhr bin ich plötzlich aus einem Traum aufgewacht. Er war so lebendig und intensiv, fast wie die Visionen aus dem Camp. Sofort „löschte" ich ihn aus meinem Bewusstsein, denn er fühlte sich unangenehm echt an. Doch bevor ich ihn losließ, wurde mir etwas klar: Unsere Träume sind nicht nur der innere Hausputz – das Aussortieren von unnötigem Informationsmaterial, das wir im Laufe des Tages ansammeln. Sie tragen auch Botschaften in sich. Diese letzte Nacht in Peru, hier in Iquitos, zeigte mir, welche immense Kraft und Stärke in mir schlummert.

Ein Abschied, der alles in Bewegung setzt

Seit kurz nach 5 Uhr war ich wach. In der Stille meditierte ich und genoss die Ruhe, die ich eigentlich nicht erwartet hätte. Ich musste schmunzeln, denn einmal mehr wurde mir klar: Oft kommt es anders, als wir denken. In aller Ruhe machte ich mich fertig und bestellte mir ein Frühstück, das ganz meinen Bedürfnissen entsprach – zwei Spiegeleier, Avocado, Oliven und Tee. Ich dehnte dieses Frühstück aus, als wäre es ein Ritual. Genoss die Stille und war vollkommen satt und zufrieden.

Da ich noch Zeit hatte, schlenderte ich durch die Stadt, wählte eine ganz andere Richtung und entdeckte einen fantastischen Sportladen mit einem genialen Sportdress. Barzahlung war angesagt, also suchte ich einen Bankautomaten. Der erste wollte nicht so recht. Gut, dass meine Karte nicht verschluckt wurde! Schließlich fand ich eine Bank, sprach den Security-Mann mit meinem Übersetzer an. Er führte mich zu einem Mitarbeiter, der mir freundlich weiterhalf.

So gelang es mir, etwas Bargeld abzuheben und der Bankangestellte erkundigte sich sogar, ob ich alles gefunden hatte – wie freundlich.

Ich erlebte die Menschen in Iquitos als unglaublich hilfsbereit. Selbst auf der Straße, wenn ich angesprochen wurde und mit „No gracias" ablehnte, ließen sie mich in Ruhe. Einige Gespräche entwickelten sich. Aber nur, wenn ich es signalisierte – eine wunderbare Dynamik. Mit meinem neuen Sportdress in der Tasche, suchte ich mir ein ruhiges Plätzchen, um noch etwas die Sonne zu genießen, auch wenn sie wirklich brannte. Danach telefonierte ich noch mit meinem Kind und meiner Tante. Es fühlte sich so schön an, ihre Stimmen zu hören.

Zurück im Hotel, raste die Zeit plötzlich. Die letzte Dusche in Peru, alles schnell und sorgfältig eingepackt. Der Check-out stand bevor. Pünktlich wartete mein Fahrer. Doch als wir losfahren wollten, wartete eine riesige Überraschung auf mich. Joven, Rocio und der Kleine standen plötzlich vor mir. Sie waren extra nach Iquitos gekommen, um sich von mir zu verabschieden. Nicht nur das – Joven wollte mir das Geld für den Bootstransfer zurückgeben. Ich lächelte, drückte ihm die Hand und sagte, er solle es als kleine Spende behalten. Wir umarmten uns so herzlich, dass ich fast meine Tränen nicht zurückhalten konnte. Doch dann erinnerte ich mich an mein Versprechen: keine Tränen beim Abschied. Joven lächelte mich an und sagte: „We see us in Germany."

Ja, das tun wir. Meine Reise durch Peru endet, doch mein neues Leben beginnt – voller Dankbarkeit, neuer Energie und dem tiefen Wissen, dass diese Reise mich verändert hat, für immer. Noch bevor ich mich auf den Weg zum Flughafen machte, hatte ich früh morgens etwas auf Social Media gepostet und die Reaktionen, die ich daraufhin erhielt, berührten mich zutiefst.

So viele liebevolle Nachrichten, so viel Unterstützung – es war überwältigend. Ich war ganz gerührt, wie viele Menschen in Gedanken bei mir gewesen waren, während meiner gesamten Reise. Es fühlte sich an, als ob ich diese Reise nicht nur für mich allein gemacht hätte, sondern für all diejenigen, die mich begleitet und unterstützt hatten. Es war wirklich eine Reise, die alles veränderte.

Der Flughafen in Iquitos war klein, geradezu winzig. Ich verabschiedete mich von meinem Fahrer
und ich hatte das Gefühl,
dass er mich auch mochte
und ihm der Abschied nicht so leicht fiel.

Während ich wartete, gönnte ich mir einen frischen Ananassaft und ein kleines Toast mit Käse und Schinken. Es war schon nach 14 Uhr und ich hatte Hunger, aber innerlich spürte ich, dass dieses Essen nicht das Richtige für mich war. Trotzdem nahm ich es – und kaum hatte ich es gegessen, merkte ich, dass mein Körper rebellierte. Eine Lektion bis zum Schluss: Ich wollte eigentlich einen Salat, gab es aber leider nicht mehr. Da war er wieder, der Impuls, auf meine Intuition zu hören – lieber nichts essen, als das Falsche. Das Leben gibt uns immer wieder diese kleinen Hinweise und Erkenntnisse. Wir müssen nur lernen, sie bewusst wahrzunehmen und umzusetzen.
Die Tränen wollten einfach fließen. Immer wieder fühlte ich, wie sie aufsteigen, als könnten sie all das nicht fassen, was mein Herz erlebte. Ich tupfte sie mir behutsam weg, nicht weil es mir peinlich war – im Gegenteil.

Ich wollte nicht mit Tränen ins Flugzeug steigen, sondern mit einem Herzen, das überlief vor Dankbarkeit. Ein Herz, das vor Stolz und innerer Stärke pulsierte, das Kraft, Freude und diese unerschütterliche Ruhe in sich trug.

Diese Reise war so viel mehr als ein Abenteuer. Sie war ein Aufbruch zu mir selbst, eine Rückkehr zu meiner eigenen Kraft. Jeder Schritt, jeder Moment, jede Herausforderung hatte mich geformt, mich tiefer blicken lassen. Eine großartige Transformation. Sie hat mir gezeigt, wie stark ich wirklich bin, wie sehr ich in meiner Mitte stehen kann – mit einem Vertrauen, das so tief ist, dass nichts es erschüttern kann.
Es war die Reise, die mich nicht nur verändert, sondern mich nach Hause geführt hat – zu mir.

Während ich am Flughafen saß und wartete, ließ ich so einiges noch einmal Revue passieren – nicht nur die Reise, sondern mein ganzes Leben. Da war so viel, was ich schon bewältigt hatte. So viele Herausforderungen, die mich geformt haben. Ich spürte einmal mehr, wie viel ich schon in meinem Leben bewegt habe. Wie oft bin ich mutig vorangeschritten, selbst wenn der Weg voller Hindernisse war. Wie oft habe ich mich nicht beirren lassen – gerade in diesen herausfordernden Zeiten, die uns alle beschäftigen. Es war mehr als nur Mut: Es war die Bereitschaft, tief nachzuforschen, die Wahrheit zu suchen und nicht zurückzuschrecken, auch wenn Gegenwind aufkam. Ich habe harte Kritik, ja sogar bösartige Beschimpfungen ausgehalten. und das nicht nur für mich, sondern für uns alle – für das große Ganze. Ein Zeichen, dass wahre Veränderung nur durch Mut entsteht und dass dieser Mut nicht nur mich stärkt, sondern uns alle verbindet.

Einige herzliche Nachrichten erreichten mich noch und auch von meinem Mann kam eine, die mich besonders berührte. Als ich ihm schrieb, dass er gerne von meinen Erfahrungen profitieren könnte, antwortete er: „Ja, ich glaube, jetzt bin ich bereit dazu."
Das war ein Satz, der viel Bedeutung trug.
Denn es ist so: Erst wenn jemand wirklich bereit ist, den eigenen Weg der inneren Arbeit zu gehen, kann Großes entstehen.

Auch unsere Partnerschaft, wie jede andere, hatte ihre Höhen und Tiefen. Wir haben extreme Schwierigkeiten durchgestanden, wie damals, als unser gemietetes Haus kurz vor dem Umzug in die Heimat, abbrannte. Zweimal wurden wir beruflich ausgenutzt, oder besser gesagt, wir haben es zugelassen.

Aber nach dieser Reise weiß ich eines ganz klar: Es liegt an uns selbst. Wie wir denken, wie wir sprechen – das entscheidet über unser Leben. Manchmal habe ich den Eindruck, dass Menschen mich anschauen, als wäre ich nicht von diesem Planeten. Doch es ist kein Hokuspokus. Selbst die Quantenphysik beweist es: Alles ist Energie. Und hier in Peru, in diesen tiefen Erfahrungen, wurde mir das noch einmal auf kraftvolle Weise bestätigt. Mein Schamane sagte es so klar: „Alles ist Energie." Und ja, manchmal dauert es länger, bis Dinge in Bewegung kommen. Wir beginnen zu zweifeln und genau das minimiert wieder die kraftvolle Energie. Doch wir dürfen nicht vergessen: Das Gras wächst auch nicht schneller, wenn man daran zieht.

Diese Reise hat mir gezeigt, dass Geduld und Vertrauen in die eigenen Kräfte die wichtigsten Begleiter sind – und dass alles genau zur richtigen Zeit kommt, wenn wir bereit dafür sind.

Die Letzten Meter – Mit Pisco im Gepäck und Gelassenheit im Herzen

Der Flug nach Lima verlief ruhig, aber die wahre Unterhaltung kam von der Dame neben mir. Kaum hatten wir die Landung eingeleitet, kramte sie eine gestrickte Mütze aus ihrer Tasche und setzte sie sich auf den Kopf – dabei war es draußen immer noch brütend heiß!

Während des Landeanflugs flüsterte sie leise Gebete und als wir sicher aufsetzten, strahlte sie mich an, als wären wir gerade einer brenzligen Situation entkommen.

Sie wollte mich offensichtlich in ein Gespräch verwickeln, aber mein Spanisch war... naja... Also schenkte ich ihr nur mein freundlichstes Lächeln, was hoffentlich sagte: „Alles gut, Señora, wir leben noch!"

In Lima hatte ich fünf Stunden Aufenthalt. Perfekt für einen ausgedehnten Bummel durch den Flughafen. Ich fand natürlich ein paar tolle Dinge, aber mein Highlight war der Duty-Free-Shop, wo ich auf den berühmten peruanischen Pisco stieß. Zwei Flaschen wanderten in meine Tasche – man weiß ja nie, wann man mal einen Pisco Sour braucht!

Die Verkäuferin war supernett und wir hatten sogar ein nettes Gespräch – soweit unser Englisch das zuließen. Der Pisco war ein echtes Schnäppchen, ganz im Gegensatz zum restlichen teuren Angebot im Laden. Da fühlte ich mich doch wie eine Sparfuchs-Queen!

Dann fand ich ein gemütliches Plätzchen und bestellte mir einen „Strawberry Pisco", denn ich musste ja schließlich mal kosten, was ich da erstanden hatte. Ich dachte, ich gönne mir mal was Kleines. Doch was kam, war ein riesiges Glas, das locker für drei Personen gereicht hätte! Ich musste lachen. „Nun gut, da kommst du wohl nicht so schnell weg," dachte ich und schlürfte gemütlich an meinem Cocktail. Um nicht aus der Balance zu geraten, bestellte ich mir noch etwas Alkoholfreies dazu. Die Gläser waren so groß dass ich für die nächsten drei Stunden bestens versorgt war. Ich war froh, die zwei Flaschen gekauft zu haben.

Die Zeit verging schneller als ich dachte. Als ich schließlich beim Security Check war, fiel mir plötzlich ein: „Oh nein, die Wasserflasche im Rucksack!" Normalerweise gibt es da ja immer Ärger. Ich griff noch schnell in den Rucksack, um die Flasche wegzuwerfen, bevor sie durch den Scanner lief. Doch der Sicherheitsmann schmunzelte nur und meinte lässig: „No, it's okay." Er drehte den Deckel der Flasche fest zu und ließ sie durchrutschen. Ich muss ziemlich verdutzt geguckt haben, denn er lachte noch einmal und zwinkerte mir zu.

Und ich dachte mir: Warum läuft in Peru alles so locker? Wieso ist das hier so locker und in Deutschland wird man quasi gezwungen, sein Wasser panisch zu exen oder in den Müll zu werfen? Ein Schelm, wer Böses dabei denkt!

Während ich auf meinen Platz wartete, telefonierte ich noch kurz mit meinem Kind. Sie sagte, wie sehr sie sich auf mich freut und dass ich gut nach Hause kommen soll. Und dann fügte sie noch mit einem kleinen Lächeln hinzu: „Auch wenn du mir manchmal auf die Nerven gehst, merke ich jetzt, wie sehr ich dich lieb habe." Das brachte mein Herz zum Schmelzen.

Im Flugzeug dauerte es dann eine Weile, bis jeder seinen Platz hatte. Es wurde hier und da noch getauscht, bis endlich Ruhe einkehrte. Um 23:30 Uhr hob der Flieger ab.

Und plötzlich hatte ich einen kleinen Ohrwurm: „Über den Wolken, muss die Freiheit wohl grenzenlos sein…" Und tatsächlich, irgendwie fühlte es sich auch so an. Das Licht wurde für das Abendessen gedimmt, was ganz angenehm war, doch so richtig bequem konnte ich es mir trotzdem nicht machen. Meine Sitznachbarin, obwohl schlank, hatte eine beeindruckende Fähigkeit, sich auszubreiten. „Na gut, Platz ist in der kleinsten Hütte", dachte ich und versuchte einfach, mich irgendwie zu arrangieren. Als ich irgendwann mal auf die verbleibende Flugzeit schaute und sah, dass nur noch 3 Stunden und 34 Minuten übrig waren, war ich völlig überrascht.

ÜEBR DEN WOLKEN, MUSS DIE FREIHEIT WOHL GRENZENLOS SEIN

„Wo ist denn bitte die Zeit hin?" Es war, als ob die Stunden im wahrsten Sinne des Wortes verflogen waren.

Ich stellte schon mal meine Uhr vor, wunderte mich aber trotzdem, warum es immer noch stockdunkel war. „Fliegen wir wirklich in die richtige Richtung? Sollte es nicht schon längst hell sein?" Es war doch schon Nachmittags! Aber gut, die Dunkelheit hatte etwas Beruhigendes und im Flugzeug war es angenehm still.

Die letzten 1,5 Stunden des Fluges nutzte ich, um noch einen Film zu schauen. Es gab sogar noch ein leichtes Frühstück. Perfekt. Wir landeten pünktlich, obwohl wir 30 Minuten später gestartet waren. Ich fühlte mich bereit für die letzten Meter meiner Heimreise, doch noch ahnte ich nicht, dass es noch stressig werden würde.

In Madrid angekommen, schaute ich mich erstmal um und versuchte, mich zu orientieren. Mir war in Iquitos ganze drei Mal und in Lima noch zwei Mal gesagt worden, dass ich in Madrid mein Gepäck abholen und erneut einchecken müsste, da ich von Madrid aus mit einer anderen Fluglinie weiter nach Berlin flog. Also fand ich mein Gepäckband und wartete ... und wartete ... und wartete. Mehr als 20 Minuten vergingen und plötzlich stand auf dem Schild schon „ending" und die Ankunft des nächsten Fliegers wurde angezeigt. Doch mein Gepäck? Nichts. Ich suchte nach einem Flughafenmitarbeiter. Ich wurde nach etwas suchen, fündig und fragte eine Mitarbeiterin. Zeigte ihr meine Gepäckabschnitte und sie sagte mir, dass mein Gepäck doch direkt nach Berlin durchgecheckt worden war. „Oh nein, echt jetzt?" Ich hatte 30 Minuten umsonst gewartet und musste nun schnell mein Bordticket holen. Die Zeit wurde knapp. In Lima hatte ich mir noch ein Business-Class-Upgrade gegönnt, was mir per Mail mit einem Spezial-Sonderpreis von nur 60€ angeboten wurde, als ich mich online einchecken wollte.

Und somit freute ich mich schon auf die Lounge in Madrid – doch diese Aussicht schwand mehr und mehr. Es blieben keine 1,5 Stunden mehr bis zum Abflug.

Am Check-in wurde ich hin und her geschickt, vom Schalter zum Self-Check und wieder zurück, weil es um einen Weiterflug ging. Die Schlange wurde länger und ich nervöser. Endlich am Schalter angekommen, bekam ich mein letztes Ticket und die freundliche Dame wies mir den Weg zur VIP Lounge. Aber keine Zeit zum Verweilen – ich musste zum Sicherheitscheck.

Dort wurde es nochmal spannend. Ich wurde herausgefischt, weil meine Tasche gescannt wurde und man eine Auffälligkeit entdeckte. Und dann das: Bei meinem Duty-free-Beutel war eine kleine Ecke offen. „Oh nein, nicht auch das noch!" Wahrscheinlich hatte ich ihn in Lima beschädigt, als ich meine Einkäufe in die Tasche packte. Alles wurde in Ruhe ausgepackt, meine Flaschen Pisco extra durch den Scanner geschoben und schließlich alles in einen neuen Duty-free-Beutel umgepackt – während ich innerlich schweißgebadet war. Die Mitarbeiter taten alles in einer völligen gelassenen Ruhe und keine Anzeichen, dass sie ihre Arbeit etwas schneller ausführten. Auch nicht, als ich mich langsam meldete und zeigte, dass ich nicht mehr allzu viel Zeit hatte.

Die Zeit rann dahin und ich wusste nicht, wie weit mein Gate noch entfernt war.

Endlich war alles erledigt. Ich orientierte mich und schaute mich kurz um und gönnte mir tatsächlich noch ganze 12 Minuten in der VIP Lounge – ein winziger, aber kostbarer Moment der Ruhe, bevor es endgültig weiterging.

Dann ging es in einem straffen Schritt weiter zum Gate. Nach der langen Zeit im Flieger tat mir die Bewegung sogar richtig gut. Am Gate angekommen, freute ich mich über den Vorteil der Business Class – kein Anstehen, einfach durch und direkt auf meinen Platz. Als ich auf 4A saß, lief mir eine Träne die Wange hinunter.

Eine Träne, die alles in sich trug: all die Erlebnisse, die intensiven und magischen Momente, die Herausforderungen und die Erfüllung dieser unglaublichen Reise.

Ich genoss die letzten 3 Stunden des Fluges und fühlte, wie ich meiner Heimat immer näherkam. Das Essen war wunderbar, ein Tomatensaft dazu. In stiller Erinnerung schwelgend, ließ ich mich in tiefer Dankbarkeit und Freude nach Berlin tragen. Noch immer konnte ich kaum glauben, dass ich all das erleben durfte.

Doch tief im Inneren spürte ich plötzlich ein ganz anderes Gefühl. Ein Gefühl von Ur-Vertrauen, so tief und klar, wie ich es zuvor noch nie erlebt hatte. Es war, als ob all die Erfahrungen der letzten Wochen sich in mir zu einer neuen Kraft formten, einer Energie, die mich von innen heraus trug.

Dieses Ur-Vertrauen war nicht nur ein kurzer Moment, sondern ein neues Fundament, das ich mit nach Hause nehmen würde. Es war das Gefühl, dass alles seinen Platz hat, dass ich geführt und getragen werde – egal, was noch kommen mag. Und mit diesem neuen Spirit, dieser inneren Stärke, wusste ich: Mein Leben hatte eine neue Richtung eingeschlagen, eine, die ich mit ganzem Herzen annehmen würde.

Ich fühle mich so ganz, so vollkommen, als hätte sich alles in mir neu geordnet. Diese Reise war nicht nur ein Schritt in unbekanntes Terrain, sondern ein Weg, auf den ich bewusst und unbewusst viele Jahre hingearbeitet habe. Es war eine Reise, die notwendig war, um all das in mir zu entdecken, was darauf wartete, entfaltet zu werden.

Jetzt, am Ende dieser Etappe, spüre ich dieses tiefe Ur-Vertrauen, diese innere Gewissheit, dass diese Erfahrung mein Leben auf eine Weise geprägt hat, die ich noch gar nicht vollständig erfassen kann. Und wenn ich in ein paar Jahren zurückschaue, werde ich erkennen, was diese Reise wirklich bedeutet hat – die Veränderung, die sie in mir ausgelöst hat.

Es war nicht nur ein Erlebnis, es war der Beginn von etwas Größerem und ich bin gespannt, wie sich dieses Neue in meinem Leben entfalten wird.

Ich bin gespannt auf das, was kommt. In ein paar Jahren, wenn ich zurückblicke, werde ich sehen, was diese Zeit alles verändert, erneuert oder vielleicht auch gleich belassen hat. Doch eines ist sicher: Nichts wird mehr sein wie zuvor, denn ich habe mich verändert – in einer Tiefe, die ich erst jetzt wirklich zu begreifen beginne.

Manchmal führt uns das Leben auf Wege, die wir nicht vorhersehen können und doch sind es genau diese Wege, die uns zu uns selbst zurückführen. Diese Reise war mehr als nur ein Abenteuer, sie war ein Erwachen. Sie hat mir gezeigt, dass wahre Stärke nicht darin liegt, sich den Stürmen des Lebens entgegenzustellen, sondern in der Fähigkeit, loszulassen, zu vertrauen und mit dem Fluss zu gehen.

Ich habe gelernt, dass es nicht der große, laute Moment ist, der uns verändert, sondern die vielen kleinen Schritte, die uns tiefer zu unserem eigenen Kern führen. Das Leben wartet nicht darauf, dass wir bereit sind – es fordert uns immer wieder heraus. Aber genau darin liegt die Magie: in der Entscheidung, mutig zu sein, in der Freude, auch im Ungewissen zu tanzen, und in dem Wissen, dass wir immer geführt werden, wenn wir uns selbst treu bleiben.

Diese Reise endet hier, aber die wahre Reise – die in mir – hat gerade erst begonnen.
„Am Ende dieser Reise weiß ich: Der wahre Weg führt immer durch das Herz – ungeschminkt, unaufhaltsam, und voller Wahr-Sinn." Denn wer die Kraft hat, sich selbst zu begegnen, hat die Kraft, die Welt zu verändern."

Adler 🦅

Der Adler ist ein kraftvolles Symbol für Freiheit, Weitblick und die spirituelle Kraft, Herausforderungen zu meistern. Im Schamanismus gilt der Adler als einer der weisesten und mächtigsten Helfer. Er fliegt hoch oben und hat dadurch die Fähigkeit, das gesamte Terrain zu überblicken, wodurch er einen unermesslichen Weitblick verkörpert. Mit ihm an deine Seite wirst du ermutigt, über die alltäglichen Sorgen hinauszuschauen und deine Lebensreise aus einer höheren Perspektive zu betrachten.

- Klarheit und Überblick: Der Adler hilft dir, selbst in schwierigen Situationen den Überblick zu behalten und klare Entscheidungen zu treffen. Er fordert dich auf, dich von Ablenkungen zu lösen und deine Ziele mit einem scharfen Blick zu fokussieren.
- Freiheit und Mut: Das Krafttier Adler ist ein Symbol für inneren Mut und die Fähigkeit, sich von Belastendem zu lösen. Seine mächtigen Schwingen und sein ungebrochener Wille laden dich ein, den eigenen Geist frei werden zu lassen, deine Lebensenergie zu entfalten und den Herausforderungen mit Offenheit und Unabhängigkeit zu begegnen.
- Verbindung zum Geistigen: Der Adler fliegt näher zur Sonne als jedes andere Tier und verkörpert so eine tiefe Verbindung zu spirituellen Ebenen. In ihm findest du einen Lehrer, der dir beibringt, deine eigene Spiritualität zu entfalten und ein starkes inneres Urvertrauen zu entwickeln.

Botschaft des Adlers: „Befreie dich von alten Lasten, erkenne das große Ganze und trage dein Licht voller Stolz und Stärke in die Welt hinaus." Der Adler ermutigt dich, immer wieder über das Sichtbare hinauszublicken und dich an deinen eigenen Weg zu erinnern – er ist ein Symbol des Schutzes, der Freiheit und der inneren Stärke.

Rabe ♥

Der Rabe ist ein tiefes Symbol für Transformation, Magie und das Geheimnisvolle. In der schamanischen Welt steht er für die Gabe, in die Dunkelheit zu blicken und Licht ins Verborgene zu bringen. Als Krafttier ist der Rabe ein Begleiter, der dir zeigt, wie du verborgene Kräfte in dir entdecken und dich mutig der Schattenarbeit stellen kannst. Er ist ein Symbol für Wissen und Mystik und lädt dich dazu ein, über das Offensichtliche hinauszusehen.

- Transformation und Neuanfang: Der Rabe gilt als Botschafter für Veränderung. Er taucht auf, wenn alte Strukturen fallen müssen, um Platz für Neues zu schaffen. Als Krafttier fordert er dich auf, Blockaden und alte Muster loszulassen und Vertrauen in den Wandel zu entwickeln.
- Weisheit und Magie: Der Rabe besitzt eine enge Verbindung zur Weisheit und zu den Geheimnissen des Lebens. Mit ihm an deine Seite wirst du eingeladen, deine eigenen spirituellen Kräfte zu erforschen, Magie im Alltag zu erkennen und ein intuitives Gespür für das Unsichtbare zu entwickeln.
- Furchtlosigkeit und Schutz: In vielen Kulturen gilt der Rabe als Beschützer der Seelen und als Wächter zwischen den Welten. Er gibt dir die Kraft, dich deinen Ängsten zu stellen und sie zu transformieren, denn er versteht die Tiefen des Lebens und bringt dir innere Stärke und Schutz.

Botschaft des Raben: „Erkenne die Kraft in deinem Schatten, lasse los, was dir nicht mehr dient und schöpfe Mut aus deinem eigenen inneren Mysterium." Der Rabe lehrt dich, dass Transformation und Magie im eigenen Inneren liegen. Er hilft dir, dich für das Unbekannte zu öffnen und die Macht deiner Intuition zu schärfen – ein wahrer Führer durch die Welt des Unbewussten.

Schlange 🐍

Die Schlange ist ein uraltes Symbol für Heilung, Erneuerung und spirituelles Erwachen. In vielen schamanischen Traditionen gilt sie als Hüterin des Wissens über das Leben und die Zyklen der Natur. Sie ist eine mächtige Kraft, die dich dabei unterstützt, Altes loszulassen und in die Tiefe deiner inneren Weisheit einzutauchen.

- Transformation und Erneuerung: Die Schlange ist das Krafttier des Wandels. Durch das regelmäßige Häuten lässt sie alles Alte hinter sich und verkörpert die Fähigkeit zur Erneuerung. Sie fordert dich auf, alte Gewohnheiten, Ängste und Überzeugungen abzustreifen, um deine wahre Essenz freizulegen. Sie lehrt dich, dass wahre Veränderung von innen kommt.
- Kundalini und spirituelles Erwachen: Die Schlange symbolisiert die „Kundalini-Energie", die im unteren Bereich der Wirbelsäule ruht und, wenn sie erweckt wird, spirituelles Bewusstsein und Erleuchtung bringt. Sie lädt dich ein, diese Kraft in dir zu entfalten und deine spirituelle Reise zu vertiefen.
- Heilung und Lebensenergie: Als kraftvolles Symbol für Vitalität und Lebensenergie ist die Schlange in der Lage, heilende Kräfte in dir zu wecken. Sie ermutigt dich, Zugang zu deinen inneren Heilkräften zu finden und dich von alten Wunden und Blockaden zu befreien, sodass die Lebensenergie in dir wieder frei fließen kann.

Botschaft der Schlange: „Verwandle, erneuere und heilige dich, denn in deinem Inneren liegt die Kraft, die dich wachsen und deine wahre Natur entfalten lässt." Die Schlange zeigt dir, dass Heilung und Transformation keine äußeren Dinge sind, sondern in dir selbst liegen. Sie hilft dir, tief in dein Inneres zu schauen und die Kraft des Neuanfangs zu entdecken, um mit mehr Leichtigkeit und Bewusstsein in die Zukunft zu schreiten.

Fisch 🐟

Der Fisch als Krafttier ist ein Symbol für die Tiefe des Unterbewusstseins, der Intuition und des Loslassens im Fluss des Lebens. In der spirituellen Welt steht er für die Verbindung zur inneren Weisheit und die Fähigkeit, sich sanft und anpassungsfähig durch das Leben zu bewegen. Der Fisch hilft dir, in die tiefen Schichten deines Selbst einzutauchen, alte Muster zu erkennen und den natürlichen Fluss des Lebens zu akzeptieren.

- Intuition und Tiefe: Der Fisch fordert dich auf, auf deine Intuition zu hören und dich mit deiner inneren Weisheit zu verbinden. Er lehrt dich, dass Antworten oft in der Tiefe liegen und durch Geduld und Vertrauen ans Licht kommen.

- Loslassen und Vertrauen: Der Fisch bewegt sich mühelos mit den Strömungen des Wassers und zeigt dir, wie wichtig es ist, dich dem Lebensfluss anzuvertrauen und nicht gegen ihn anzukämpfen. Er erinnert dich daran, dass wahre Stärke darin liegt, loszulassen und dich sanft den natürlichen Rhythmen des Lebens hinzugeben.

- Anpassung und Flexibilität: Wie der Fisch im Wasser, bist auch du in der Lage, dich den Herausforderungen und Veränderungen anzupassen. Der Fisch zeigt dir, dass Flexibilität und Anpassung keine Schwäche, sondern eine Form der inneren Stärke sind.

Botschaft des Fisches: „Vertraue auf den Fluss des Lebens und auf die tiefe Weisheit in dir – sie führen dich immer zu deiner wahren Bestimmung." Der Fisch als Krafttier lädt dich ein, dich auf deine innere Stimme zu verlassen und den Mut zu haben, loszulassen und dich dem Leben anzuvertrauen. Er symbolisiert Leichtigkeit, Anpassung und die Ruhe in der Tiefe – eine wertvolle Erinnerung daran, dass Gelassenheit und Vertrauen die größten Kräfte in deinem Leben sein können.

Ameise 🐜

- Die Ameise als Krafttier steht für Hingabe, Ausdauer und die unermüdliche Kraft, selbst die größten Herausforderungen zu bewältigen. Sie erinnern uns an die Stärke des Gemeinschaftssinns und den Wert von Geduld und Beständigkeit auf dem Weg zu langfristigen Zielen.

- Geduld und Ausdauer: Die Ameise lehrt, dass wahre Stärke oft in der Geduld liegt. Große Veränderungen und Ziele erfordern Zeit und Durchhaltevermögen. Die Ameise zeigt dir, dass jeder kleine Schritt, jede scheinbar unsichtbare Anstrengung, am Ende zum Erfolg führt.

- Gemeinschaft und Teamarbeit: Ameisen sind wahre Meisterinnen der Zusammenarbeit und erinnern daran, dass Erfolg oft gemeinsam leichter erreicht wird. Sie stehen als Symbol für die Kraft der Gemeinschaft und zeigen, wie wichtig es ist, aufeinander zu zählen und gemeinsam zu wachsen.

- Struktur und Fleiß: Die Ameise ist ein Meister der Organisation und erinnert uns daran, dass eine klare Struktur, geordnete Abläufe und eine konzentrierte Arbeitsweise notwendig sind, um den eigenen Weg beständig zu gehen. Ihr Beispiel motiviert, achtsam und konzentriert vorzugehen.

- Hingabe an den Weg: Die Ameise zeigt dir, wie du es erfüllen kannst, dich deinem Lebensweg ganz hinzugeben, ohne den schnellen Gewinn oder die sofortige Belohnung zu suchen. Sie wissen, dass der Weg selbst das Ziel ist und alles Wichtige mit Geduld und Vertrauen in die Zukunft wächst.

- Botschaft der Ameise: „Sei geduldig und folge deinem Weg voller Hingabe." Auch der kleinste Schritt bringt dich deinem Ziel näher."

- Die Ameise als Krafttier ruft zur Stabilität und zur Gemeinschaft auf, zur Hingabe an den Prozess und an das Vertrauen in die Zeit. Sie zeigt dir, dass deine Anstrengungen, dein Fleiß und deine Geduld sich langfristig auszahlen werden – und dass du ein starkes Mitglied im Gefüge des Lebens bist.

Schmetterling 🦋

Der Schmetterling symbolisiert die Kraft der Transformation und die Leichtigkeit des Seins. Als Krafttier steht er für Veränderung, Erneuerung und die Fähigkeit, den Wandel des Lebens zu umarmen. Der Schmetterling ist ein Meister der Metamorphose und erinnert dich daran, dass aus jeder Phase, ob leicht oder herausfordernd, ein neuer Teil von dir entsteht.

- Transformation und Wandel: Der Schmetterling zeigt, wie kraftvoll die Fähigkeit zur Veränderung ist. Er führt dir vor Augen, dass innere und äußere Wandlung Teil des Lebens sind und oft unverzichtbar, um das eigene Potenzial zu entfalten. Der Schmetterling erinnert dich daran, dass jede Entwicklungsstufe – ob im Kokon, der Schutz bietet, oder im Flug der Freiheit – ihren Sinn hat.
- Leichtigkeit und Freude: Als Wesen der Lüfte verkörpert der Schmetterling Leichtigkeit und Anmut. Er zeigt, dass Wandel mit einer spielerischen Haltung und Vertrauen ins Leben angegangen werden kann. Der Schmetterling inspiriert dich, das Leben mit offenen Flügeln zu leben und das Glück in den kleinen Momenten zu finden.
- Selbstentfaltung und Schönheit: Der Schmetterling erinnert daran, dass wahre Schönheit in der Freiheit und Selbstentfaltung liegt. Jeder Mensch durchläuft seinen eigenen Transformationsprozess und entdeckt dabei die Schönheit, die in ihm ruht. Der Schmetterling lädt dich ein, deine eigene Einzigartigkeit zu erkennen und mutig zu zeigen.

- Loslassen und Aufbruch: Der Schmetterling lehrt, dass es oft nötig ist, alte Gewohnheiten, Ängste oder Muster loszulassen, um die Flügel des Lebens vollständig zu entfalten. Er zeigt, dass nach jedem Loslassen ein Aufbruch folgt und dass hinter dem, was wir zurücklassen, eine neue Leichtigkeit und Freiheit auf uns wartet.
- Botschaft des Schmetterlings: „Umarmte die Veränderung mit Leichtigkeit und lasse dich von der Freiheit des Seins tragen."
- Der Schmetterling als Krafttier ruft dich auf, deine eigene Reise der Transformation anzunehmen. Er zeigt dir, dass das Leben voller Phasen ist und dass jede von ihnen Schönheit und Wachstum mit sich bringt. Wie der Schmetterling, der sich aus dem Kokon erhebt, kannst auch du in deinem eigenen Rhythmus aufbrechen und deine Flügel entfalten.

Der Weg des Lebens liegt nicht in der Starrheit, sondern im fortwährenden Wandel und in der liebevollen Verbindung zu allem um uns herum. Wenn man seinen Begleitern folgt, wird man mit neuem Mut und Vertrauen gestärkt daraus hervorgehen – bereit, die Schwingen auszubreiten und dann deine ganz eigene, außergewöhnliche Reise fortzusetzen.

Am Ende dieser Reise, die tief in die Natur und die Seele führt, bleibt die Erkenntnis: Jeder Schritt, jeder Atemzug und jede trägt den Schlüssel zu unserem innersten Selbst. Die Kraft, die du in dir trägst, ist genau wie die der Tiere, die dich begleitet haben – wild, frei und voller Potenzial. Es ist eine Einladung, stets weiterzugehen, hinzuschauen, mutig zu sein, Altes loszulassen und Neues zu begrüßen.
Die wahre Transformation beginnt innen, doch sie strahlt nach außen in alles, was du bist und berührt.

Sei der Adler, der hoch über alles fliegt, der Schmetterling, der zur Entfaltung findet, die Ameise, die ihre Gemeinschaft stärkt. Erinnere dich: Du trägst alles das in dir. Es ist deine Geschichte, dein Weg – und die Welt wartet nur darauf, dass du ihn gehst.

GELANDET -
wieder zurück von
meiner Reise

**Eine Vision ohne Handlung
bleibt eine Illusion.**